Ressources Humaines pour la première fois

Serge PANCZUK

Ressources Humaines pour la première fois
Le savoir faire des DRH expliqué

Préface de Frank Bournois

**Éditions
d'Organisation**

Éditions d'Organisation
Groupe Eyrolles
61, bd Saint-Germain
75240 Paris Cedex 05

www.editions-organisation.com
www.editions-eyrolles.com

© Groupe Eyrolles, 2006
ISBN : 2-7081-3465-5

Sommaire

Liste des schémas

Liste des schémas

Préface

Que ce soit pour la littérature classique ou la production managériale, la genèse d'un livre est toujours un moment particulier, pour son auteur et pour ses premiers lecteurs. Serge Panczuk m'a fait l'honneur de découvrir, en primeur, les grands axes de ce qui m'est d'abord apparu comme un *vademecum* illustré pour le monde des ressources humaines. J'insiste sur le terme illustré car le premier manuscrit était avant tout une série impressionnante de schémas, de tableaux et de grilles à penser un management toujours plus performant des ressources humaines. C'est alors qu'il m'a semblé important que cette collection unique de principes et d'outils pratiques puisse bénéficier au plus grand nombre. C'est-à-dire à tous ceux qui doivent, sans cesse, s'améliorer dans leur pratique du management des hommes.

Cet ouvrage est loin d'être un ouvrage de ressources humaines qui s'ajoute à une liste déjà longue depuis l'apparition de la notion de « ressources humaines » en France en 1984. Avec *Ressources humaines pour la première fois,* il s'agit véritablement d'une belle livraison pour le praticien de l'alchimie humaine. Plusieurs caractéristiques jaillissent de ces pages et marqueront certainement le lecteur.

Une posture en miroir

Le parcours intellectuel et professionnel de Serge Panczuk explique la richesse et la variété des messages. On bénéficie, au fil des pages, d'une interprétation du management des

RH opérée par un acteur qui a pratiqué en France et à l'étranger. Ce qui autorise les mises en perspective du système français, parfois avec une causticité bien dosée. Cette analyse dedans-dehors conduit inévitablement à la synthèse dont doit disposer le lecteur.

Au service de la prise de décision

Vous découvrirez que les remarques effectuées conduisent plus à des recommandations pour l'action qu'à des débats académiques. On décèle aisément les fruits de l'expérience de Serge Panczuk qui a tenu alternativement des responsabilités de manager opérationnel et de dirigeant de la fonction RH, tant en France qu'à l'étranger où il se trouve actuellement. Avec habileté, les problématiques RH sont constamment présentées dans le contexte d'une société en mouvement où le salarié embauché hier se différencie des nouveaux en matière de rapport au travail.

À l'écoute des parties (com)prenantes

L'action RH est présentée comme un habile exercice visant à prendre en compte les différentes parties en présence (salariés, hiérarchies, comités de direction, sous-traitants...) pour trouver des solutions adaptées dans des contextes de changement. La plume de Serge Panczuk souligne la nécessité d'une approche holiste et intégrée où une partie de l'efficacité découle de l'effort pédagogique et de la préparation des esprits en amont... vers des parties prenantes qui comprennent les décisions et leurs finalités !

Un voyage au cœur des grands enjeux

Que le lecteur soit un nouveau cadre RH, un opérationnel confronté à la gestion d'équipe ou un membre de comité de direction, il sera saisi par l'entrée dans les grands enjeux RH. Sans ambages, on est plongé dans une présentation originale où la matière RH n'est pas traitée de manière fonctionnelle traditionnelle (depuis le recrutement jusqu'à l'audit social en passant par les grandes activités classiques). L'audace de l'auteur nous entraîne dans les grands champs de tension qui tissent les joies et les soucis quotidiens du décideur confronté au changement ; nous avons personnellement apprécié l'évocation aux situations de *catch 22*. Le DRH comme le manager de RH ou encore le consultant RH doit s'interroger en permanence sur lui-même en tant que ressource humaine spécifique. Ce faisant, Serge Panczuk nous renvoie à la célèbre répartie de Gandhi « *Commencez par changer en vous ce que vous voulez changer autour de vous.* »

Un arsenal technologique

Le lecteur avide d'outils sera comblé. Ce livre est une mine pour la préparation de réunions de travail, de séances de brainstorming, de séquences pédagogiques en interne. La centaine de schémas est à la fois un pourvoyeur et un stimulateur de ressources pour la pensée. Je défie l'honnête homme tout comme l'expert RH de pouvoir dire qu'il n'aura pas puisé des pépites ou des idées de typologies pour penser l'action. Selon son goût, on appréciera les nombreux anglicismes du texte et des figures qui indiquent bien, si l'on n'en était pas déjà convaincu, que le management des RH comporte une part interculturelle croissante.

Une obsession pour la performance

Les propositions de Serge Panczuk touchent par leur imprégnation du souci de produire de la performance. Cette posture s'applique à de nombreux niveaux : celui du collaborateur avec son responsable hiérarchique, celui de l'équipe de travail, celui de l'entreprise à travers ses règles et sa culture. Il s'agit là d'une originalité peu courante et d'un très gros apport : il nous éclaire sur comment contribuer aux résultats « en assurant la continuité dans le changement » (*cf.* p.75). Les affirmations sont ambitieuses mais tellement justes : il revient bien en effet aux responsables RH de façonner le système de performance.

Une invitation permanente à l'engagement

Les réflexions présentées dans ce livre ne se situent pas que dans le registre technique pour l'apprenti RH. Elles relèvent également du subtil dans la mesure où l'auteur sait nous montrer, sans jamais la marteler, l'importance de l'engagement du manager ou du dirigeant. À un moment où les enquêtes[1] suggèrent le déficit d'engagement des salariés (souvent du fait du comportement de leurs supérieurs), Serge Panczuk nous rassure en nous indiquant quelques fenêtres concrètes : optimiser les relations internes et les relations sociales, changer la relation managériale, se rapprocher toujours des besoins des opérationnels et apprendre le marketing individuel.

Connaissant la rigueur professionnelle de l'auteur, je n'ai pas été étonné de trouver aussi dans ce livre des croyances fortes qui l'animent. Que ce soit dans le registre des compétences-clés du DRH lui-même : construire un réseau, vendre et négocier, faire preuve de leadership, être flexible et résilient, faire fonctionner l'interculturel… Que ce soit également dans cette exigence ultime visant à repenser ses propres pratiques RH : revoir son management, assurer le marketing de la fonction, etc.

Ce livre m'a vraiment fait penser, à chaque page que l'on tourne, à cette belle maxime de Voltaire: « *Plus les hommes seront éclairés et plus ils seront libres* ». Et Serge Panczuk y contribue remarquablement pour notre domaine de passion que sont les RH !

Frank Bournois
Professeur des universités et à ESCP-EAP
Directeur du CIFFOP – Université Panthéon-Assas (Paris II)

---

1. *Cf.* l'enquête Towers Perrin, à partir de 86 000 salariés dans 16 pays. « Ten Steps to Creating an Engaged Workforce – European Findings », Towers Perrin, HR services, 2006.

Introduction

Emploi des seniors, rémunération des dirigeants,
modèle social français vs anglo-saxon, crise des
banlieues, accès à l'emploi, etc. Depuis quelque temps,
les grandes questions en matière de RH ne sont plus
limitées à l'entreprise ; elles sont devenues un des
grands sujets de discussion dans les médias, les dîners en
ville ou au « café du commerce »... La lutte contre le
chômage, les impacts de la globalisation ou les délocalisations sont autant de sujets qui font désormais la une
de la presse et l'ouverture des journaux de 20 heures.
Au-delà de cette actualité parfois morose, c'est une fonction souvent mystérieuse qui se retrouve ainsi exposée
aux yeux de toutes et de tous : la fonction Ressources
Humaines. Longtemps ignorée ou cantonnée au titre —
si parlant — de chef du personnel ou direction du
personnel, la fonction RH sort donc de l'anonymat pour
se retrouver au cœur de nombreux tourments et tour-
nants. Elle a maintenant une carte à jouer pour devenir
réellement critique et dépasser le concept si galvaudé de
« *business partner* » pour enfin transformer le
« business » en partenaire des Ressources Humaines.

Ce livre s'inscrit dans cette tendance. Il a comme premier objectif de montrer en quoi tout ceci « n'est que le commencement ! ». Et par la suite il essaiera de donner quelques éclairages sur les méthodes et concepts qui peuvent permettre de voir la fonction RH sous un autre angle. Pour cela, il faut d'abord réaffirmer quelques vérités : encore protégée par les frontières nationales ou légales, la fonction Ressources Humaines en France doit se remettre en cause si elle veut survivre à la disparition probable de ces protections naturelles. Cette mutation lui permettra d'évoluer afin d'occuper dans l'entreprise un nouvel espace créé par les évolutions de l'environnement tant économique, social que politique. Les DRH en sont pour la plupart conscients. Mais quid de l'entreprise, de ses dirigeants, de ses actionnaires, de ses organisations syndicales ou de ses salariés ?

Ce livre ne se veut pas exhaustif, il est délibérément une prise de parti inspirée des évolutions de cette fonction visibles hors des frontières françaises et leurs conséquences à venir sur le « métier » Ressources Humaines. Il s'agit plus d'un recueil d'idées basé sur plusieurs expériences professionnelles, tant en Europe que hors d'Europe. Il se veut également aussi didactique que possible. C'est pourquoi vous trouverez tout au long des pages à venir quelques outils et conseils (sous forme de tableaux ou de schémas) qui aident à conduire des analyses de situation. Dans la plupart des cas il s'agit d'une approche volontairement schématisée de quelques méthodes et concepts utiles pour faire face aux nouveaux défis que cette fonction va devoir relever.

Le voyage au sein de la fonction RH que nous allons entreprendre va nous amener à examiner cette fonction sous plusieurs angles :

Nous nous poserons d'abord la question du **positionnement de la fonction Ressources Humaines** dans l'entreprise.

Puis nous nous intéresserons au rôle que cette fonction peut jouer sur le fonctionnement global de l'**organisation**. Il s'agira alors de voir en quoi la fonction RH peut influencer les concepts fondateurs d'une entreprise que sont sa propre **culture**, son ou ses métiers et son organisation. Nous aborderons également la fonction RH au travers de son rôle prédominant dans la mise en place et le pilotage du **système de performance** de l'organisation.

Après nous être intéressé à ces éléments de base nous analyserons l'influence que peut avoir la fonction RH sur le fonctionnement quotidien de l'entreprise, au travers des **relations** entre managers/employés et nous nous intéresserons aux concepts de **changement**, de **multiculturalisme** ou de **relations sociales**.

Enfin nous nous poserons la question de savoir si le cordonnier est bien chaussé ! Il s'agira alors de voir comment la **fonction Ressources Humaines** doit revoir ses propres outils, méthodes et concepts pour occuper ce nouvel espace de responsabilité.

PARTIE I

À la recherche d'un positionnement

« *Pour diriger une entreprise j'ai besoin
d'un porte-plume, d'un porte-voix et d'un porte flingue.* »
Commentaire d'un dirigeant d'une grande entreprise

Comment le DRH est perçu
au sein de l'entreprise

Les réponses à cette question prennent plusieurs formes en fonction des personnes interrogées. En les examinant de plus près, elles peuvent paraître parfois contradictoires, et nécessitent de « creuser » les commentaires pour obtenir des avis qui vont au-delà des acceptions « officielles » et politiquement correctes. Selon l'entreprise, le DRH est :

– un *stratège*… mais aussi une *fonction support* (alternance entre un message et une réalité) : « Le DRH a un rôle clé », « Notre principal atout : nos salariés », « Une de nos valeurs : développer nos salariés ». Nous avons là autant de déclarations qui font de la fonction Ressources Humaines une fonction stratégique. Mais la réalité est parfois toute différente et nous ramène à une vision plus basique, souvent limitée à l'aspect administratif de la fonction. Cependant, pour survivre, la fonction RH doit se positionner en partenaire stratégique au sein du comité de direction et dépasser les frontières qui lui ont été fixées par l'organisation. Ce rôle va devenir indispen-

sable, à condition que le DRH soit capable de
« marquer son territoire » !

— un *coût* : quels sont les premiers budgets coupés en
cas de crise ? C'est effectivement un des premiers
paradoxes de la fonction RH ; c'est elle qui subit le
plus de réduction budgétaire en période de crise. Son
image de « gestionnaire de ressources » renforce cet
aspect. La fonction est régulièrement associée à des
coûts tels que main-d'œuvre, formation, salaires,
taxes, cotisations, etc. ;

— un *recours « en cas de problème »* : grève, conflits ou
décisions difficiles ; il s'agit de la composante relation sociale de la fonction, souvent assimilée à une
fonction de négociation qui répond parfois à un
objectif clairement assigné par la direction : « Pas de
vagues ! » ;

— un *conseiller* : pour certains, le DRH est l'homme de
confiance dont le rôle dépasse la « simple » gestion
des RH. Ce rôle caché peut prendre trois formes très
différentes :

  — un porte-voix qui relaie les messages clés et fait
  remonter l'information via ses réseaux ;

  — un porte-plume qui construit les messages clés de
  l'entreprise vis-à-vis des salariés ;

  — un porte flingue qui prend en charge les missions
  « difficiles ».

Pour terminer avec cette liste, le/la DRH peut aussi
occuper la place de *« fou du roi »* : il s'agit d'une autre

fonction cachée dans laquelle le DRH devient la personne qui peut dire les vérités au roi... sans mourir !

La fonction Ressources Humaines est confrontée aux nombreuses évolutions auxquelles font face les entreprises. La différence vient de la position particulière de cette fonction dans l'entreprise et de son rôle actif dans la mise en place de ces évolutions. À l'instar d'autres fonctions, le DRH doit à présent anticiper ces changements et aider l'organisation pour laquelle il travaille à évoluer, muter et s'adapter. Au préalable le DRH doit effectuer sa propre mue et se repositionner dans l'entreprise. Il doit ensuite identifier ses nouveaux leviers d'influence et agir dessus. Parmi les nombreux leviers dont il dispose, deux sont particulièrement critiques : la culture d'entreprise et le système de performance.

Au cours de cette partie nous tenterons de voir en quoi l'environnement économique, politique et social a fait évoluer la mission du DRH et de sa fonction. Nous évoquerons ensuite son rôle d'« influenceur culturel » pour terminer par son action sur le système de performance de l'organisation vécu en tant qu'élément fondamental de conduite du changement et d'accompagnement de la mutation de l'organisation.

1

Portrait du DRH « fou du roi ! »

« Politique : manière de diriger un État. »
Larousse

La cartographie des métiers RH

Que regroupe la fonction RH ? La plus simple des approches consiste à positionner la fonction par rapport aux deux grandes familles qui composent les RH : les généralistes et les spécialistes.

Les *généralistes* ont pour mission d'intégrer et d'adapter : intégration des process/méthodes/outils issus des centres d'expertise (recrutement, formation, …) et adaptation aux spécificités locales, qu'elles soient d'ordre « national » (législation du travail) ou fonctionnelles (recherche/vente/production, …).

Les *spécialistes* sont centrés sur un domaine de compétence ou d'activité précis (la paye, le recrutement, la formation, les relations sociales).

11

Ensuite, il faut comparer ce rôle avec le positionnement géographique et fonctionnel, qui peut être soit global ou local.

Par *local* nous entendons la « proximité opérationnelle », à savoir la distance qui sépare le professionnel RH des managers opérationnels de première ligne (responsable de vente, responsable de production, directeur régional).

Le positionnement *global* reflète la proximité par rapport à la direction générale (entre les niveaux – 1 et – 2 par rapport au DG/CEO/président).

Le schéma ci-dessous reprend cette cartographie et précise le(s) rôle(s) qu'ils/elles peuvent jouer dans la politique Ressources Humaines.

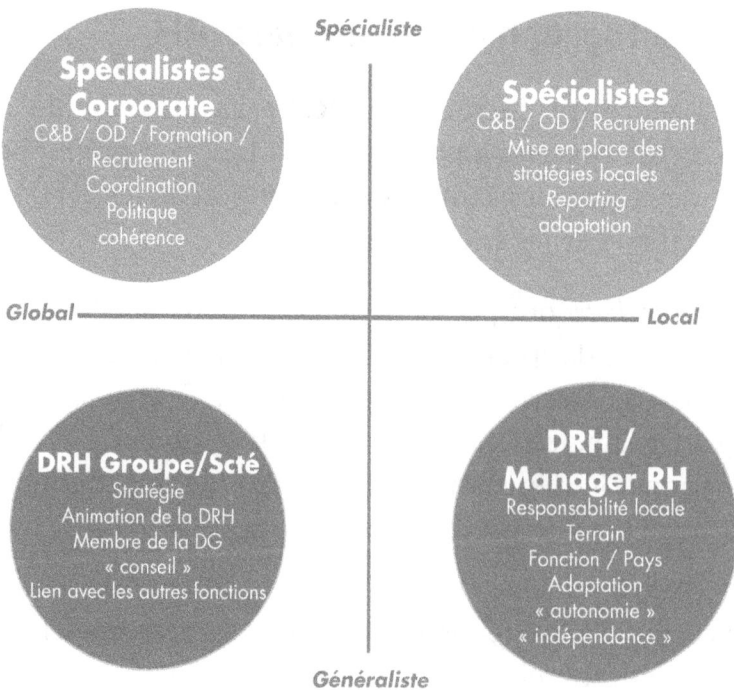

Spécialiste

Spécialistes Corporate
C&B / OD / Formation / Recrutement
Coordination
Politique
cohérence

Spécialistes
C&B / OD / Recrutement
Mise en place des
stratégies locales
Reporting
adaptation

Global ────────────────── Local

DRH Groupe/Scté
Stratégie
Animation de la DRH
Membre de la DG
« conseil »
Lien avec les autres fonctions

DRH / Manager RH
Responsabilité locale
Terrain
Fonction / Pays
Adaptation
« autonomie »
« indépendance »

Généraliste

La répartition des rôles

De manière plus formelle, une fonction se positionne dans l'entreprise par rapport à son impact sur les résultats de l'organisation et son rôle stratégique ou tactique. L'impact sur les résultats peut être direct (les ventes) ou indirect (le juridique).

La stratégie concerne l'approche globale et se centre sur le futur alors que la tactique regroupe les actions locales et immédiates.

Nous avons d'abord positionné quatre fonctions sur cette grille. Nous verrons plus tard pourquoi la fonction RH reste encore trop associée à une fonction tactique ayant un impact indirect sur les résultats.

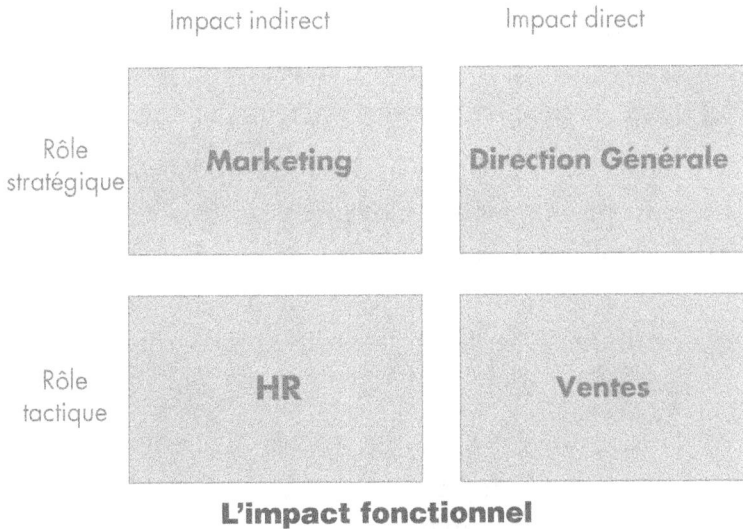

	Impact indirect	Impact direct
Rôle stratégique	Marketing	Direction Générale
Rôle tactique	HR	Ventes

L'impact fonctionnel

Selon les managers et les opérationnels

Le DRH est en premier lieu perçu comme une *aide* potentielle en cas de conflit ou de difficulté managériale.

Il agit en tant que paratonnerre, qui selon certains managers interrogés « est là pour prendre la foudre ».

Ceci appelle néanmoins un commentaire sur le rôle perçu du DRH qui souvent se voit confier des tâches normalement attribuées au manager. Cette confusion des rôles – en partie liée à la culture d'expert (le vendeur vend, le responsable de production produit, le chercheur cherche et le DRH s'occupe des employés) – pose des problèmes. Nous essayerons de voir comment les solutionner au cours des pages à venir.

Le DRH peut être perçu comme :

- une « *contrainte* » ou un empêcheur de tourner en rond. En tant que garant des règles, il se retrouve souvent dans un rôle de régulateur chargé de rappeler à l'ordre et de faire respecter les lois et règlements ;
- un *théoricien éloigné des réalités opérationnelles* : « Il ne me comprend pas ! » Combien de fois ce commentaire a-t-il pu revenir sous des formes diverses ! Il traduit à la fois une réalité (le DRH n'est pas un opérationnel) mais aussi une mauvaise interprétation de la mission de DRH ;
- un *administratif* : recruter, payer, licencier, gérer les vacances… et c'est tout ! Là, c'est le retour aux bases du métier, et l'affirmation des frontières à ne pas franchir. Il peut aussi s'agir d'un manque de communication de la part du DRH qui se positionne en expert technique plutôt qu'en conseiller.

Selon les salariés

Le DRH peut être perçu comme :

– un recours ou un policier en cas de conflit ;

– un conseiller ;

– un allié ou un ennemi : « Je n'ai pas eu mon augmentation, le DRH est contre… », « Je n'ai pas eu mes vacances, le DRH est contre… », « Je n'ai pas eu ma formation, le DRH est contre… ».

Le DRH est interprété en fonction des services rendus – ou non – à chaque employé. Son rôle est parfois confondu avec celui des managers, surtout dans le cas où le RH doit suppléer à une déficience de ce dernier et prendre des décisions qui s'avèrent être des décisions managériales et non « RH ».

Un rôle politique

« Gérer les relations dans la cité »

La fonction DRH est politique en ce sens qu'elle gère les relations au sein d'une organisation. Nous avons modifié la définition présente en tête de chapitre en y intégrant les mots « entreprise », « marché », « salariés » et comité de direction.

Cela donne : « La politique est l'organisation méthodique, théorique et éventuellement pratique des actions d'une entreprise ou d'un comité de direction sur des bases conceptuelles définies et finalisées en vue de maintenir l'équilibre social nécessaire au développement

15

optimal et à la cohérence de l'entreprise et de ses salariés, ainsi qu'à l'évolution des rapports de l'entreprise avec son marché et son environnement. »

Là où d'autres fonctions disposent de pouvoirs opérationnels (vendre, produire, chercher, financer ou développer) la fonction RH dispose d'un pouvoir de gestion de la vie de l'organisation et des rapports de force qui y existent.

La fonction DRH s'intéresse à la fois à l'aspect macro (le fonctionnement de l'entreprise, son organisation, ses règles et ses valeurs) mais aussi à l'aspect micro (approche individuelle, politique salariale, gestion des potentiels, gestion des dirigeants).

Elle englobe et réunit, gère trois relations schématisées ci-dessous et en assure l'équilibre :

– les *relations entre l'individu et l'entreprise* (et vice versa). C'est la relation la plus classique. Elle regroupe les tâches administratives mais aussi le système de performance, le règlement interne, la formation, le développement ou le système de rémunération ;

– les *relations entre l'entreprise et la société* (au-delà des frontières naturelles de l'entreprise). Ce rôle se développe de plus en plus par l'intégration de dimensions légales, éthiques ou de *Corporate Governance*. La fonction assure l'information mais aussi la mise en adéquation avec certaines exigences venues de l'extérieur ;

– les *relations entre l'individu et la société* : c'est un des axes de développement futur de la fonction. Il s'agit de travailler sur l'employabilité, la gestion du parcours professionnel (au-delà de l'entreprise), le développement, le rôle éducatif de l'entreprise (stagiaires), la mise en œuvre de nouveaux services RH (crèches, services bancaires, …) ou la notion de salarié.

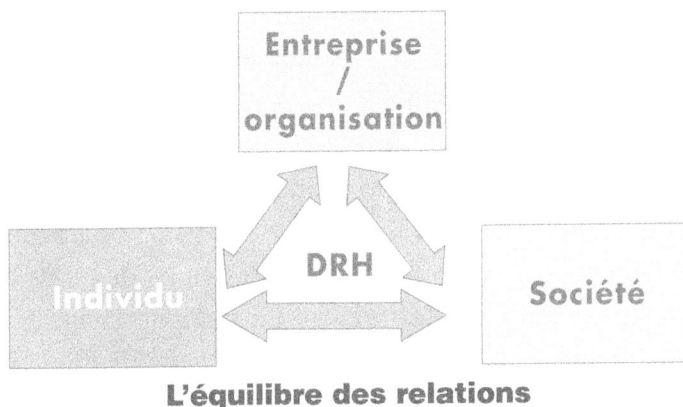

L'équilibre des relations

Entre pouvoir individuel et rôle collectif

Les décisions en matière de ressources humaines touchent l'ensemble des salariés et donc les membres de la direction générale.

Ce pouvoir très particulier du DRH lui confère à la fois des responsabilités particulières mais aussi le met en position unique – et parfois délicate – vis-à-vis des autres membres de la direction. À la fois stratège, il est aussi gestionnaire d'aspects aussi personnels que les salaires, la performance ou le dévelopement de ses collègues.

Entre désirs et réalités

Et comment se perçoit le DRH ? Le porte-plume qui rédige les grands messages et formalise les valeurs ? Celui qui communique, informe l'organisation et la direction générale ? Celui qui effectue les tâches les plus difficiles pour le compte de cette dernière (restructuration, …) ? Ou celui qui aimerait bien faire tout cela mais reste cantonné aux tâches administratives par manque de considération et d'influence ? Le DRH a un rôle complexe et ambigu.

Si beaucoup de DRH ont évolué conceptuellement, la réalité opérationnelle n'est pas encore au rendez-vous. Les raisons sont multiples : pression des enjeux quotidiens, pression de l'histoire, manque de compétences, enfermement, méconnaissance de l'aspect opérationnel de l'entreprise, trop grande dimension des relations sociales, poids des règles légales ou peur de changer…

Repositionner la fonction Ressources Humaines

Il y a donc un réel problème de positionnement de la fonction RH : **à quoi sert-elle ?** Attardons-nous sur ce point et essayons de le clarifier en utilisant plusieurs modèles.

Modèle 1 : la zone de couverture fonctionnelle

Dans ce modèle, où le positionnement de la fonction s'effectue par rapport au contexte général de l'entreprise, chaque fonction se détermine par sa relation :

— au *temps* (court terme CT/long terme LT) ;

— au(x) *produit(s)* distribué(s) par l'entreprise (influence sur le produit : proximité, voire dépendance ou autonomie ; indépendance – fonction « générique ») ;

- aux *process* (fort : fonction « organisée » ou faible : fonction « feeling ») ;
- au *client final* (proche : proximité, forte interaction et influence ou lointain : éloignement, indifférence ou non-interaction).

L'ensemble de ces quatre critères permet donc de visualiser le rapport de la fonction à l'entreprise et les deux exemples ci-dessous montrent en quoi la représentation peut être très différente.

En pointillé la fonction vente : proche du client, souvent très orientée court terme et avec une dimension process plutôt faible. Son influence sur le produit se traduit surtout par son rôle de remontée d'informations venant du client.

La fonction recherche est quant à elle très orientée long terme, avec une influence certaine sur les produits, travaillant avec beaucoup de process mais de manière relativement éloignée du client.

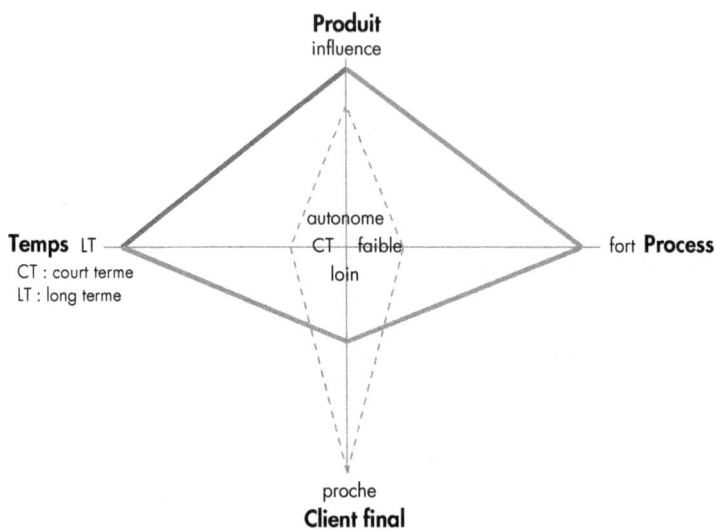

Le positionnement de la fonction

Où se situent les Ressources Humaines ?

La fonction RH peut adopter plusieurs formes, en fonction de sa proximité avec le terrain ou la direction générale. Les divers pôles d'expertise (recrutement, formation, administration et paye) adoptent également des formes différentes.

Sur le modèle ci-dessous, nous avons positionné :

– une fonction de généraliste (en pointillé) ;

– une fonction paye et administration du personnel (en trait gras).

Les points communs, les points de différence : l'influence sur le produit et celle sur la proximité du client final (et non pas du client interne) sont identiques et limitées pour les deux aspects. Par contre la relation au temps et l'implication dans les process les opposent. La fonction généraliste est plus orientée vers le moyen terme, la fonction administrative gérant souvent des dossiers très court terme (paye, arrivée/départ, …). Le généraliste est moins dépendant des process, là où la fonction « gestion du personnel » reste souvent garante des procédures et des règles.

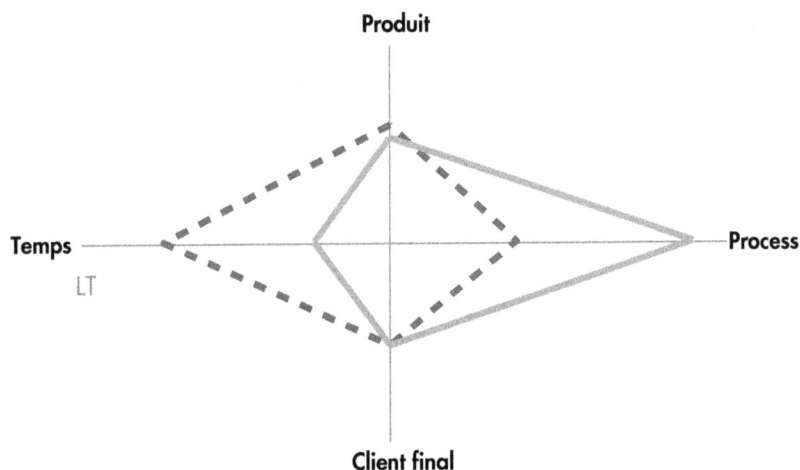

Le positionnement (suite) : Généraliste et spécialistes

Modèle 2 : « fondements et missions »

Il s'agit cette fois-ci de positionner la fonction Ressources Humaines par rapport à quatre dominantes clés :

— la *dominante « sociale »* qui regroupe les relations sociales collectives ou individuelles ;

— la *dominante « économique »* qui englobe tous les aspects liés à l'optimisation de l'organisation et de sa performance ainsi que les aspects administratifs et techniques de la fonction ;

— la *dominante « politique »* plus tournée vers la stratégie, l'influence auprès de la direction générale, la gestion des cadres dirigeants et des hauts potentiels ;

— la *dominante financière* centrée sur les chiffres, les décisions impactant le résultat financier de l'entreprise telles que l'outsourcing, les délocalisations, les négociations salariales, etc.

Certaines fonctions présentent un modèle équilibré qui reprend les quatre dimensions et leur attribue un poids équivalent dans leur fonctionnement quotidien. D'autres DRH voient certaines parties de leur rôle hypertrophiées ou sous-utilisées.

Nous arrivons ainsi à définir quatre profils :

— le *cardinal* est avant tout attaché à la dimension politique de la fonction et est très proche du DG. Son rôle principal est stratégique, et de conseil. Il est aussi dans ce cas souvent en position de « fou du roi » ;

— le *contrôleur de gestion* s'intéresse principalement à la dimension quantitative de la fonction ; c'est un expert des tableaux de bord. Il fournit les informations à la DG et met en œuvre les décisions financières à dimension « Ressources » Humaines ;

— le *technicien* est l'expert, le professionnel du contenu. Incollable en droit social et sachant naviguer aisément dans l'univers complexe des contrats de travail, il est un recours méthodologique et s'intéresse principalement aux aspects techniques de la fonction RH ;

— le *pompier* intervient quand la crise est là. Expert de la relation sociale, formé à la négociation, il est l'homme des réorganisations et des restructurations.

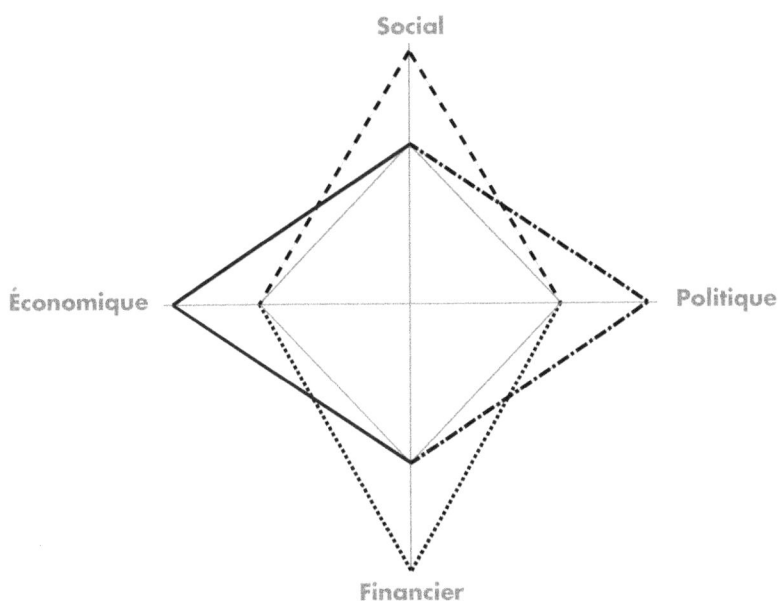

Fondements et missions : La surface d'intervention

Les bouleversements à venir

L'étape suivante consiste à identifier les différentes missions que peut être amené à accomplir un DRH généraliste, et à les positionner sur un axe allant des missions centrées sur les outils à celles plus stratégiques de redéfinition des organisations. Nous pourrions qualifier les premières de missions « productivistes » dont la valeur ajoutée se trouve dans la mise en place et le contrôle de process clairement définis et souvent associés aux « basiques » du métier de ressources humaines (par exemple : la paye).

Nous avons identifié cinq cercles d'intervention :

– outils et gestion ;
– gestion relationnelle quotidienne ;
– conseil opérationnel ;

– stratégies de développement individuel ;
– entreprise.

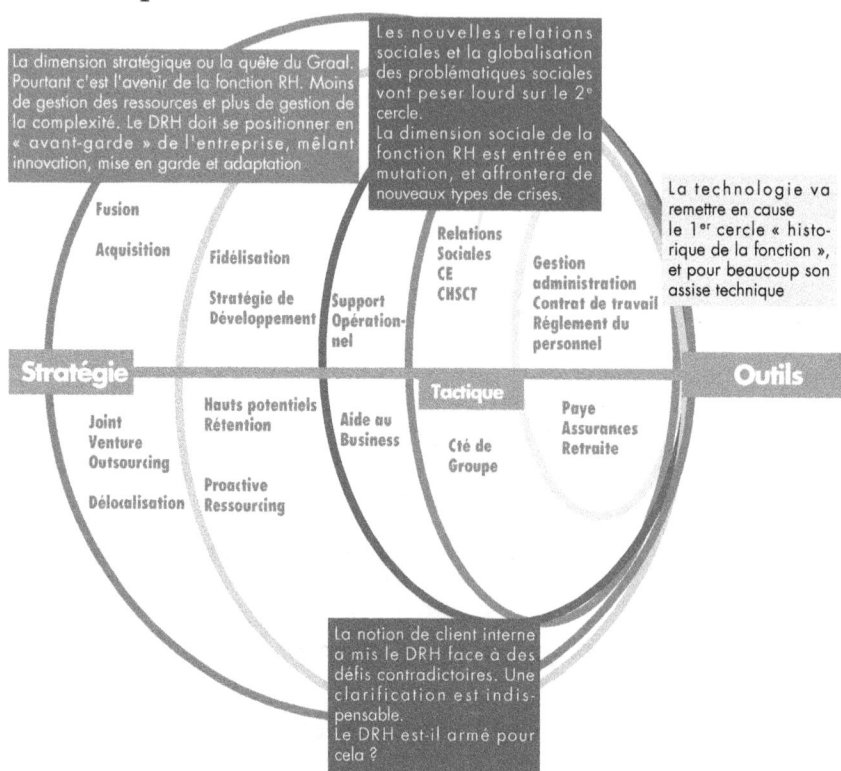

La dimension stratégique ou la quête du Graal. Pourtant c'est l'avenir de la fonction RH. Moins de gestion des ressources et plus de gestion de la complexité. Le DRH doit se positionner en « avant-garde » de l'entreprise, mêlant innovation, mise en garde et adaptation

Les nouvelles relations sociales et la globalisation des problématiques sociales vont peser lourd sur le 2e cercle.
La dimension sociale de la fonction RH est entrée en mutation, et affrontera de nouveaux types de crises.

La technologie va remettre en cause le 1er cercle « historique de la fonction », et pour beaucoup son assise technique

Fusion

Acquisition   Fidélisation   Relations
                                       Sociales   Gestion
              Stratégie de   Support   CE   administration
              Développement   Opération- CHSCT   Contrat de travail
                              nel   Règlement du
                                                        personnel

Stratégie   **Outils**

              Hauts potentiels   Aide au   Paye
Joint   Rétention   Business   Assurances
Venture   Cté de   Retraite
Outsourcing   Groupe

              Proactive
Délocalisation Ressourcing

Tactique

La notion de client interne a mis le DRH face à des défis contradictoires. Une clarification est indispensable.
Le DRH est-il armé pour cela ?

Les champs d'intervention

Les nouvelles valeurs de la fonction Ressources Humaines

Les valeurs d'une fonction traduisent son esprit et le sens qu'elle veut donner à son action.

Au-delà d'une simple déclaration d'intention, les valeurs peuvent devenir un critère de recrutement mais également un moyen de communication. Il est temps de redéfinir quelques valeurs qui pourraient symboliser le DRH « nouveau »... Vous trouverez ci-dessous quelques idées, qui n'ont que pour vocation d'être discutées ou commentées.

L'humanisme

Le DRH doit se défaire de sa coloration « gestionnaire de ressources » pour devenir un catalyseur du potentiel humain de l'organisation. Il doit croire en la capacité de chacun à changer et faire changer. Il ne doit pas nier les difficultés et intégrer la dimension humaine dans toute sa complexité. Recrutement, développement, formation sont autant d'aspects de la fonction qui doivent prendre en compte cette valeur.

Le fait de faire confiance à l'humain, et considérer les salariés comme des adultes plus que comme une ressource permettra de renforcer le rôle du DRH.

La crédibilité

C'est la base de tout et elle se construit dans le temps, par l'action, au travers des réussites et de sa capacité à assumer et gérer ses erreurs. Elle est un mix de connaissances et de comportements, avec pour vocation finale la reconnaissance opérationnelle.

L'innovation

Qui a dit que la DRH n'était pas une fonction d'innovation ? Là encore il s'agit de dépasser la dimension « gestionnaire » et de proposer des solutions innovantes et créatrices de valeur collective ou individuelle.

L'innovation se mesure par la capacité de la fonction à sortir des sentiers battus en apportant des réponses originales à des décisions préformatées du type : « Baisse du

CA = plan social », « Réduction des coûts = baisse du budget formation », « Ce n'est pas possible », etc.

La fonction RH ne doit pas se laisser guider par l'évident et doit se positionner en tant que contre-balancier des décisions à dominante financière.

L'éducation

C'est peut-être désormais la vocation première de la fonction.

Il ne s'agit pas que de la dimension « formation » mais plus de la capacité de la fonction à préparer l'organisation et chaque personne aux évolutions à venir. Il s'agit de renforcer et d'armer chaque salarié et de revoir le rôle social de l'entreprise. L'entreprise apprenante reste d'actualité mais il faut à présent développer la capacité de chacun à apprendre, et faire prendre conscience de l'investissement fondamental que représente toute action de développement.

On n'apprend pas pour l'entreprise, mais pour soi.

L'intégration

Cette valeur peut s'interpréter de plusieurs façons : intégration des nouvelles cultures, acceptation des différences, utilisation des différences en tant qu'outil de performance et de compétitivité, capacité à rapprocher les fonctions, les cultures ou à créer des espaces de dialogue.

En résumé il s'agit de faire vivre et grandir l'entreprise « souple » et de reconnaître les compétences de négociation, d'influence et de « réseautage » comme fondamentales.

2

Les challenges

« On avance, on avance, on avance, on n'a pas assez d'essence
pour faire la route dans l'autre sens, faut pas qu'on réfléchisse
ni qu'on pense, il faut qu'on avance. »
Alain Souchon

Une fois dressé le profil de la fonction RH, il convient de nous interroger sur les changements à venir qui vont profondément modifier cette fonction et son rôle dans l'entreprise. Ces grandes évolutions sont au nombre de quatre.

1. La complexité à tous les étages

L'entreprise devient davantage complexe et difficilement appréhendable. Les structures matricielles, le fonctionnement par projet, le recours à l'outsourcing, les délocalisations, la globalisation, les nouvelles attentes individuelles, rendent le besoin de sens de plus en plus important. Les problématiques sont plus locales, les tensions se renforcent, le DRH ne peut ignorer ces évolutions. Son challenge est désormais d'anticiper.

2. Une anticipation à court terme

Cette faculté fera la différence entre les entreprises qui survivront et celles qui disparaîtront. Les dinosaures sont morts de ne pas avoir pu s'adapter. Le DRH doit mettre en œuvre les outils qui permettront à l'entreprise d'anticiper, alors même que tout pousse cette dernière à ne regarder que le court terme (poids de la Bourse, amplitude des variations, besoin de résultats immédiats).

3. De nouvelles relations sociales

Comment vont se définir les relations sociales du futur ? La France a bâti sa politique de relation sociale sur des concepts et des outils qui commencent à dater. La nature même des relations sociales a changé, et l'environnement économique et politique contraint les partenaires sociaux à se réformer.

Cependant comme dans toute phase de changement, la première phase de mutation est le blocage et le refus d'une prise de conscience. Au-delà des organisations syndicales, c'est l'ensemble des salariés qui voient leur mode de relation à l'entreprise se transformer.

Depuis quelques années arrivent dans les entreprises les enfants de la génération chômage qui ont malheureusement une expérience « solide » de la dureté du marché de l'emploi. Cette génération arrive dans les entreprises avec une culture économique fort différente de leurs anciens.

Ils ne font plus confiance à l'entreprise pour gérer leur carrière, ou leur apporter une stabilité. Ils connaissent et pratiquent le marché de l'emploi et font face aux évolutions des attentes des entreprises en matière de compétences, de mobilité ou de flexibilité. Ils ont de plus en plus conscience de la globalisation du marché du travail et de son impact – positif ou négatif – sur leur propre situation et leur propre futur. Tous ces facteurs doivent aujourd'hui être intégrés par les organisations syndicales qui sont elles-mêmes souvent dépassées par ces évolutions.

Elles restent en effet encore très liées à des concepts nés il y a des dizaines d'années dans un contexte économique et social fondamentalement différent – inspiré des trente glorieuses et basé sur des réalités qui n'existent peu ou plus à ce jour (plein emploi, carrière longue, faible mobilité, faible exposition à l'environnement international, vision à long terme, …).

La culture actuelle se veut de plus en plus individualiste. Si les organisations syndicales avaient réussi tant bien que mal à fédérer des exigences sociales et à se présenter en partenaires de négociation face au DRH, cette représentativité est désormais bien souvent battue en brèche et remise en cause par les salariés eux-mêmes.

Une nécessaire refondation sociale est indispensable pour positionner face au DRH de nouveaux partenaires sociaux emprunts d'une nouvelle culture de négociation et de partenariat.

Sans cette évolution, les organisations syndicales risquent d'être débordées par les attentes individuelles. Les débats sociaux actuels traduisent plus la peur que la volonté de progrès, et plus le besoin impérieux de stabilité que la prise de conscience d'un nécessaire mouvement.

Qui seront demain les interlocuteurs sociaux des DRH ?

4. La crise comme mode d'expression d'un malaise

Les crises – le plus souvent liées à des changements et aux inquiétudes qui s'y rattachent – se développent.

Elles sont en phase de mutation et peuvent prendre des formes très diverses. La forme la plus visible reste le conflit social ou la grève mais le conflit peut prendre bien d'autres aspects, parmi lesquels : la démotivation, le désengagement ou le stress et ses conséquences sur la performance et la santé.

Une stratégie en deux phases

Face à ces challenges, le DRH dispose d'un nouveau territoire d'intervention qui devrait le faire passer d'un rôle tactique à un rôle stratégique (phase 1).

La seconde phase sera de prouver que sa fonction a un impact direct sur les résultats au travers des décisions stratégiques qu'elle est amenée à prendre et à mettre en place.

Phase 2

Impact indirect

Impact direct

Rôle
stratégique

Marketing

HR

Direction Générale

Phase 1

Rôle
tactique

Juridique

Ventes

La matrice rôles/impact

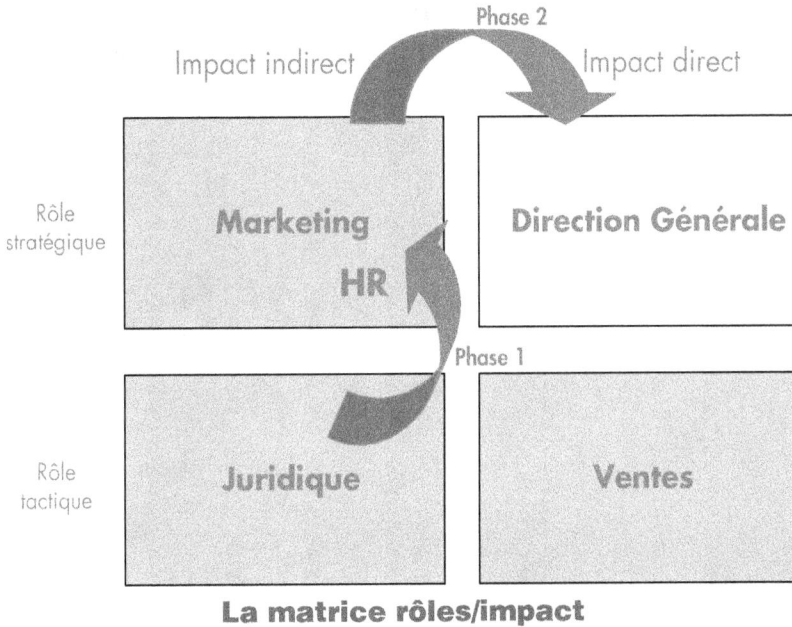

Maîtriser l'entreprise « souple »

La notion d'entreprise a été relativement stable pendant plusieurs décennies : un site, un nom, des employés, un statut. Dans ce contexte (1) l'entreprise était clairement identifiée, localisée et soumise aux lois de son pays d'origine.

Sous la pression de la croissance les entreprises se sont développées (2) pour occuper plusieurs sites et fédérer l'entreprise autour d'un nom. Cette dernière est donc devenue internationale, rassemblant une variété de statuts et optant pour une organisation de plus en plus complexe.

L'étape suivante (3) est l'arrivée de l'entreprise « souple » et poreuse, qui bouge, se modifie et s'adapte.

31

Dans la plupart des cas elle devient plus « puissante » que les États qui sont soumis aux règles de l'économie – dictées par ces mêmes entreprises.

Vers une nouvelle forme d'organisation

Nous sommes entrés dans une phase de déstructuration de l'entreprise qui va devenir peu à peu un réseau de structures mobiles à géométrie et taille variables.

Le schéma ci-après tente de cartographier ce qu'est en train de devenir l'entreprise. La variable la plus importante est désormais la *flexibilité* et la capacité d'une organisation à s'adapter rapidement à un environnement en mouvement perpétuel.

L'entreprise est aussi une structure *opportuniste* en ce sens qu'elle cherche le meilleur compromis et prend les décisions indispensables pour intégrer ce compromis. L'exemple des délocalisations est à ce titre flagrant. Quoi de plus opportuniste qu'une délocalisation, à savoir un changement d'implantation de ses activités pour utiliser des législations ou des particularités locales ?

Les nouveaux moyens de communication et d'information ont offert aux entreprises la possibilité de devenir opportunistes. L'information est désormais une arme d'adaptation massive !

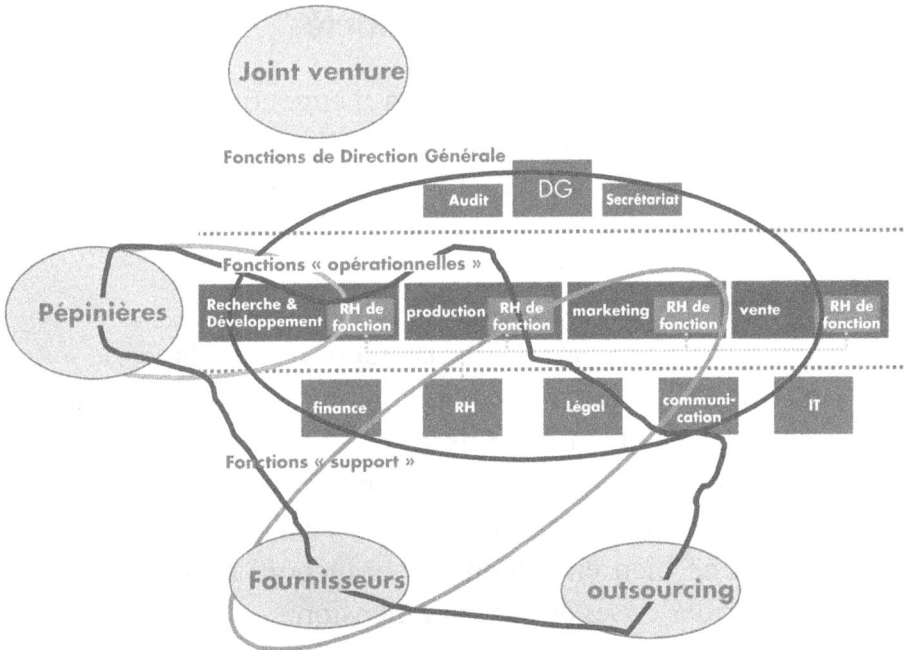

L'entreprise en réseau

L'entreprise du futur sera donc à la fois souple et opportuniste. Elle regroupera sous une bannière commune (un nom, une marque) : des grandes entités, des petites structures (start-ups issues de pépinières internes ou d'essaimage), des structures provisoires à objectifs précis et limités dans le temps, des équipes projets mêlant salariés de la structure principale, consultants, partenaires ou fournisseurs, des fournisseurs intégrés et des « activités outsourcées ». Elle se nourrira de nouvelles technologies et sera souple jusqu'à sa propre représentation physique (le siège, le bureau, la salle de réunion).

Cette organisation sera à la fois complexe, mouvante, instable et mobile.

Un nouveau statut de salarié

Cette transformation est en train d'engendrer des changements dans notre droit social et notre perception même de l'entreprise. Quelques-unes de ces évolutions probables sont listées ci-dessous…

« Avant… »

- *Contrat de travail* : CDI. Le CDI reste « la règle » même si la France est championne du monde de la complexité en matière de droit social et de contrats de travail. Cependant, la notion de carrière chez un seul employeur a vécu. Elle reste pourtant un fantasme bien entretenu par beaucoup, au risque de provoquer crises et incompréhension.

- *Stabilité géographique* : là encore la notion « un emploi, une vie, un endroit » n'est plus au goût du jour. La carrière se gère désormais de manière globale.

- *Horaires de travail* : pas de commentaire. Il suffit de voir les débats actuels pour comprendre que cette question reste d'actualité… même s'il s'agit déjà d'un faux problème, voire d'un leurre.

34

– *Structure et organisation de l'entreprise* : la culture de l'organigramme qui explique tout.

– *Gestion de l'information* : centralisée, un des artifices du pouvoir.

« En cours ou à venir »

– *Contrat de mission* : si la notion de CDI existe toujours, sa réalité est moins « palpable » ; le turnover devient de plus en plus une donnée très importante dans la gestion des RH. On voit également apparaître des « multi-contrats » de travail, salariés employés par une entreprise et ayant en parallèle une autre activité. Si cette tendance se renforce aux États-Unis, elle arrivera probablement bientôt dans nos entreprises.

– *Flexibilité/travail à distance* : la notion d'horaires de travail va disparaître – conséquence de l'informatisation croissante de la société et du départ de beaucoup d'activités industrielles vers les pays en voie de développement. Les *call centers* « à domicile », la mobilité, le « *remote management* » vont devenir la règle dans de nombreuses entreprises qui devront adapter leur culture – ainsi que celle des salariés – à cette nouvelle donne. Comment dans ce contexte mesurer 35 heures de travail ?

– *Structure de plus en plus complexe/projets/outsourcing*. L'entreprise se complexifie et devient moins lisible pour les salariés. Un effort de communication et un plus grand travail de fédération seront probablement indispensables dans les années à venir. La notion même « d'appartenance » à une entreprise va être mise à mal.

35

– *Accès à l'information* : global, simple, en réseau.

Le salarié : une crise de croissance

Rien ne se fera sans une mutation de notre rapport au travail. Cependant, plusieurs difficultés sont à prévoir :

– la perte de référence ;

– la peur du « vide » ;

– la nouvelle relation au travail ;

– le transfert de la responsabilité.

Dans un même temps, la notion même de salarié pourra connaître une évolution similaire : nouvelles attentes, nouveau système de rapport à l'entreprise Les notions de contrat de travail, d'horaires de travail ou de lieu de travail seront à revoir au vu des nouvelles formes prises par les organisations. Ce mouvement est d'ores et déjà enclenché et visible. Les nouvelles technologies ne feront que renforcer cette tendance.

Le rapport à l'entreprise changera pour passer d'un rapport linéaire (le recrutement, un contrat de travail, une entreprise, un statut, une progression fixe) à un rapport matriciel (précarité, missions, variabilité de la carrière, adaptation constante ou aller et retour). Enfin, cette structure mobile sera également à l'origine d'un nouveau style de management des organisations, mélange de management à distance, de haute techno-logie et de flexibilité.

Dans ce cadre, le « DRH » voit son rôle changer du tout au tout, pour passer d'un rôle de gestionnaire à celui d'animateur, de consolidateur de réseau, ou de « pont ».

De nouvelles relations à l'entreprise

La relation individuelle à l'entreprise a fondamentalement changé au cours de cette dernière décennie. Elle se caractérise à présent par une plus grande méfiance, mais également un plus grand réalisme face aux promesses des entreprises (carrières, développement, perspectives, …). Les grandes tendances sont les suivantes.

L'instabilité

Notre environnement est devenu complexe et la notion même d'entreprise est remise en cause.

Nous passons de la notion « un nom, une entreprise, des salariés » à une notion beaucoup plus complexe qui associe entreprise, joint ventures, outsourcing, pépinières de recherche, accords de partenariat. L'entreprise n'est plus « unique », elle s'est transformée en réseau d'intérêt et de collaboration, mélangeant cultures, fonctions, sites et modes de travail très différents. Le « DRH » est fortement affecté par cette évolution, qui pourtant va renforcer son rôle de gestionnaire DES ressources humaines.

Des discours paradoxaux

Dans le contexte actuel, l'entreprise ne peut plus tenir ses promesses à long terme. Et pourtant l'attente des salariés en matière de stabilité ou de carrière fait que l'entreprise continue à faire des promesses. Un nouveau dialogue

social est à créer prenant mieux en compte l'environnement et la globalisation des problèmes, des organisations
et des attentes. Ce dialogue doit se baser sur plus de fran-
chise au risque de générer des désillusions.

Parcours professionnel et employabilité versus carrière

La notion de carrière est également à revoir. Elle a longtemps été perçue comme une progression linéaire et
régulière, associée le plus souvent à des augmentations
de responsabilité et de salaire (voir schéma ci-dessous).
Mais cette vision linéaire a vécu. Elle est en voie de
remplacement par une approche plus complexe et
modulaire, à amplitude variable, faite d'aller et retour,
et de paliers à durée variable.

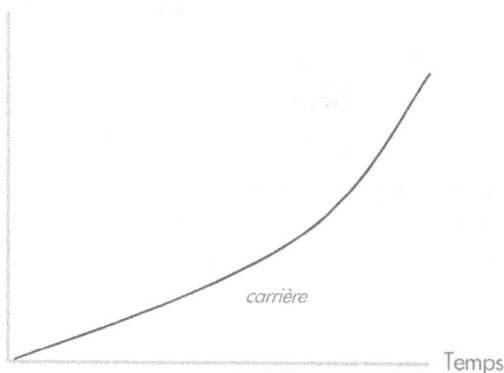

La courbe de carrière classique

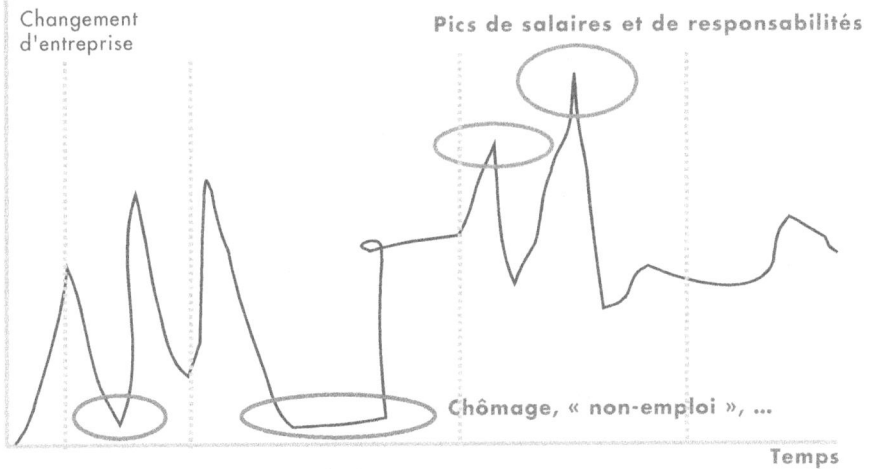

Responsabilités & salaires

Changement
d'entreprise

Pics de salaires et de responsabilités

Chômage, « non-emploi », ...

Temps

Le nouveau parcours professionel

Le schéma ci-dessus décrit ce que pourrait être une carrière vue sous cet angle. Elle alterne des changements d'entreprises (de plus en plus fréquents) – soit volontaires (choix du salarié) soit nécessaires (fermeture, délocalisation) – des progressions de responsabilités suivies parfois de perte de responsabilités et du salaire associé, des périodes de chômage et des périodes plus stables.

En effet, le « cliquet anti-retour » en matière de responsabilité, voire comme dans certains pays de salaire, n'est plus de rigueur. La fonction prime sur la carrière, le court terme et la performance dans le poste sur le long terme.

De nouvelles compétences sont indispensables, telles que le *networking* (réseautage), la recherche d'information, la flexibilité ou la capacité à mener plusieurs activités en parallèle.

39

Savoir piloter son parcours professionnel est donc désormais une compétence clé du salarié. L'entreprise – et le DRH – ne peuvent plus assurer cette tâche seuls. Cette responsabilité est dorénavant transférée à chacun d'entre nous. Afin de faire face à ce défi il est indispensable pour toute personne de développer sa capacité à analyser ses forces et ses faiblesses, à structurer son développement, à identifier les opportunités professionnelles ou à faire son propre marketing.

L'accompagnement par le DRH

Le parcours professionnel remplace donc peu à peu le concept de carrière.

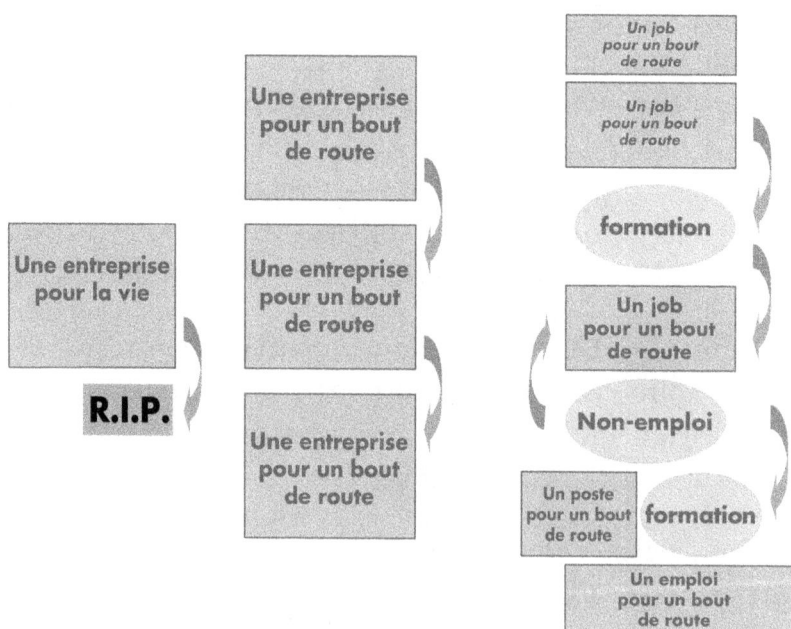

Une entreprise pour la vie

R.I.P.

Une entreprise pour un bout de route

Une entreprise pour un bout de route

Une entreprise pour un bout de route

Un job pour un bout de route

Un job pour un bout de route

formation

Un job pour un bout de route

Non-emploi

Un poste pour un bout de route formation

Un emploi pour un bout de route

Intégrer la complexité

© Groue Eyrolles

Le DRH n'est plus un gestionnaire de carrière mais un accompagnateur du parcours professionnel. Il doit à présent effectuer un « transfert technologique individuel » et mettre en place les structures et les moyens qui permettront à chaque salarié de mieux intégrer cette gestion de parcours professionnel dans sa vie professionnelle et personnelle.

Les actions possibles sont les suivantes :

— *rassurer* : informer et communiquer directement (face à face) pour dédramatiser ce changement de responsabilité. Vendre les avantages, identifier les risques et préparer l'action ;

— *éduquer* : apprendre à apprendre, apprendre à SE gérer, apprendre à se détacher de l'organisation sont autant d'objectifs pédagogiques que devront intégrer les futurs plans de formation des entreprises ;

— *appuyer* : aider chacun à se déterminer, à mieux se connaître et à définir ses forces, ses faiblesses, ses zones d'intérêts et de développement via la mise à disposition d'opportunités de feed-back (questionnaires de personnalités, *assessment centers*, bilans de parcours professionnels, …) ;

— *renforcer* : intégrer dans les plans de développement individuels des dimensions comportementales et relationnelles (stage de *networking*, de négociation) ;

— *préserver* : éduquer le management et lui faire prendre conscience de son potentiel d'aide. Favoriser la mobilité interne (participation à des projets, missions de court terme dans des fonctions différentes, des sites différents) et externe.

Les autres évolutions à venir

L'attitude par rapport au management

L'individualisme, la mobilité croissante, mais également la peur du chômage et l'instabilité de l'environnement ont modifié les attitudes des salariés face à leur manager, qui souvent matérialise l'ensemble des problèmes rencontrés.

Vie privée/vie professionnelle

Évolution du concept de *life balance* : la séparation vie privée/vie professionnelle est également bouleversée par cette nouvelle conception du parcours professionnel. À partir du moment où la linéarité et la stabilité ne sont plus de mise, la frontière entre vie privée et professionnelle tend à disparaître.

La crise de transition

Dans tout processus de changement c'est la transition entre un état réel et un état à venir qui est le plus douloureux. L'acceptation du changement est d'autant plus facile que l'horizon semble clair et le changement indispensable. Or, dans la situation actuelle le changement est devenu un mode de fonctionnement associé à une remise en cause constante.

Et le changement à venir va bouleverser les habitudes et donc créer des résistances d'autant plus fortes.

© Groue Eyrolles

Moins de précarité, plus de mobilité

Nous avons été éduqués pendant des dizaines d'années à comprendre la stabilité comme un avantage et la mobilité comme une crise. Or, force est de constater que la mobilité est devenue une réalité encore mal vécue par bon nombre d'entre nous.

Le salarié est désormais pris au piège entre un indescriptible capharnaüm de contrats de travail tous destinés – sans le dire – à remettre en cause le sacro-saint CDI, les entreprises exposées aux changements de plus en plus radicaux et qui ne peuvent plus garantir l'emploi à très long terme, et la montée du chômage qui constitue une arme de pression pour faire accepter « dans la douleur » des évolutions de statut.

La définition actuelle de la précarité « *Les emplois précaires sont des emplois salariés dont la durée n'est pas garantie. Celle-ci peut être soit limitée : contrats à durée déterminée (CDD), stages, emplois aidés (contrats emplois solidarité, contrats initiative emploi, emplois jeunes) ; soit incertaine (intérim)* » résume à elle seule la façon dont la mobilité peut être perçue comme une précarité dangereuse.

Mais lutter contre cette nouvelle vision de la stabilité est illusoire et surtout contre-productif. L'objectif n'est désormais plus de faire « moins de mobilité » mais « mieux de mobilité ».

La mobilité est désormais un statut stable

Aujourd'hui une entreprise qui proposerait des emplois à vie, stables, localisés et implantés dans la durée avec des engagements à long terme ne pourrait être crédible. Un nouveau rapport au travail est en train de naître, et comme toute naissance il ne se fait pas sans douleur.

Comment se concrétise-t-il ?

- Personne ne peut plus prétendre faire sa carrière dans une seule entreprise.

- Les expériences variées (dans plusieurs entreprises, plusieurs sites voire plusieurs pays) sont de plus en plus valorisées.

- La notion de CDI est vraiment à durée indéterminée. La notion d'« indéterminé » a longtemps été comprise comme « longue durée », stabilité ou « à vie ». Or le terme est clair : à durée que l'on ne peut pas déterminer à l'avance…

- La flexibilité par rapport à son « métier » de base est également à revoir. La formation professionnelle doit être appréhendée comme une assurance antichômage et non plus comme une obligation légale de l'entreprise. Il est du ressort de chacun de se former et d'apprendre, et non plus de l'entreprise de décider seule des axes de formation.

- L'entreprise doit assurer l'employabilité de ses salariés, tant dans l'entreprise qu'au-delà. Le rôle social doit être redéfini. Il ne s'agit plus uniquement d'assurer des relations avec les syndicats mais d'aider chaque salarié à s'armer pour faire face à des parcours professionnels de plus en plus chaotiques.

Ce discours est une réalité qui – bien qu'elle soit intégrée dans le fonctionnement même de l'entreprise – n'est pas encore vécue comme telle par les individus qui y travaillent.

Cependant pour que cette évolution puisse être vécue – autant que faire se peut – positivement les entreprises doivent la mettre en avant dans leur politique de recrutement, de développement et de formation de leurs employés.

La précarité ne se combat pas par la stabilité mais par l'intégration de ce concept dans le développement de l'entreprise. La mobilité est une somme de périodes discontinues ou continues de stabilité.

Le rôle du DRH

La mobilité ne peut plus être remise en cause. Il s'agit d'une réalité agréable ou non, porteuse d'opportunités ou de crises mais elle s'est installée peu à peu dans notre société.

Cependant il serait illusoire de nier les crises que ce concept peut provoquer. Il serait encore plus illusoire de répondre à des inquiétudes légitimes par des grands discours et des règlements. Il est par contre plus efficace d'utiliser la mobilité comme une opportunité et d'y préparer les salariés en ne niant pas les faits : « Un jour vous devrez partir », « Un jour vous devrez quitter votre région », « Un jour vous devrez changer de travail ».

Le DRH doit définir la politique de mobilité autour de plusieurs axes.

Confiance et mobilité

Il s'agit là de donner les compétences indispensables pour assumer des changements de fonction, de pays ou de métier. Ceci passe bien sûr par le développement mais aussi par l'information, le coaching ou l'évaluation des compétences. Il s'agit en outre de dédramatiser la mobilité en forçant le mouvement par l'instauration d'échanges réguliers entre les sites, de périodes terrain ou de mise en place de sessions d'ouverture sur l'entreprise.

Performance et mobilité

Changer de responsabilité permet d'améliorer la performance individuelle. La remise en cause régulière des acquis par la confrontation à de nouvelles responsabilités aide chaque personne à développer son portefeuille de compétences et accroît sa performance. En effet le mouvement renforce la capacité à regarder les problèmes sous un autre angle et favorise l'innovation.

Une trop grande stabilité est aussi un risque, au même titre qu'une trop grande volatilité.

Le schéma suivant associe la performance collective d'une équipe à sa stabilité.

Quatre catégories se distinguent :

– *l'équipe volatile et performante* : instable, vivant une forte pression et très orientée court terme. Le rôle du manager et du DRH est alors de rechercher la stabilité tout en conservant le niveau de performance ;

— *l'équipe stable et performante* : peu de changements, peu de nouveaux et peu de départs. Il s'agit d'un stade mature qui comporte le risque de la non-remise en question. Action à entreprendre : favoriser la mobilité pour préparer le futur ;

— *l'équipe à la performance réduite et instable*. Plusieurs facteurs peuvent expliquer cette situation : des difficultés managériales ou structurelles. L'action doit porter sur le retour à la performance via l'accompagnement et l'observation ;

— *l'équipe peu performante et très stable* : le temps est venu de changer.

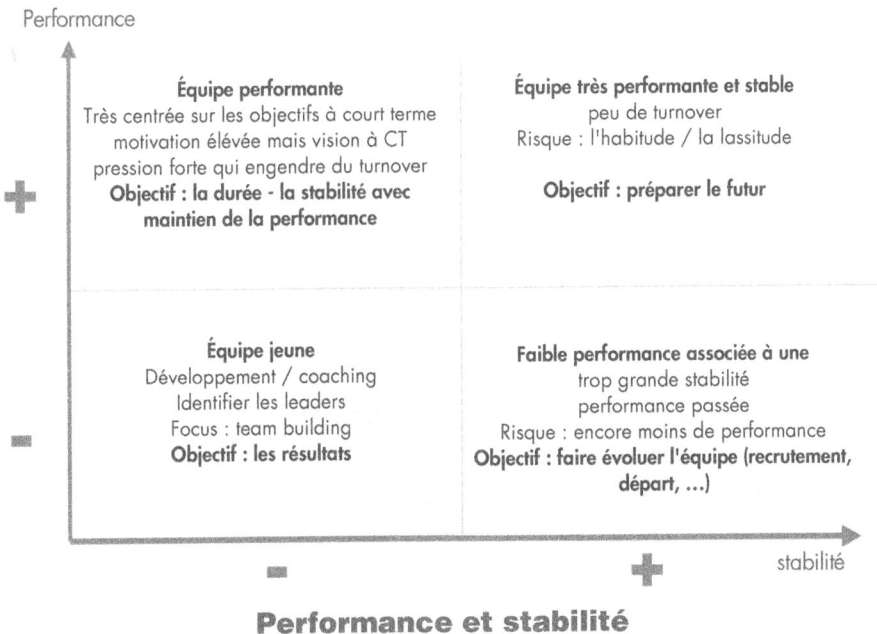

Performance

Équipe performante
Très centrée sur les objectifs à court terme
motivation élévée mais vision à CT
pression forte qui engendre du turnover
**Objectif : la durée - la stabilité avec
maintien de la performance**

Équipe très performante et stable
peu de turnover
Risque : l'habitude / la lassitude

Objectif : préparer le futur

Équipe jeune
Développement / coaching
Identifier les leaders
Focus : team building
Objectif : les résultats

Faible performance associée à une
trop grande stabilité
performance passée
Risque : encore moins de performance
**Objectif : faire évoluer l'équipe (recrutement,
départ, ...)**

stabilité

Performance et stabilité

Éthique et mobilité

La mobilité est souvent associée à la précarité car elle débouche sur des abus inacceptables de la part de certaines entreprises. Le DRH doit être autant engagé dans son combat contre ces abus qu'il doit l'être dans son rôle d'accompagnateur de la mobilité. Il ne s'agit pas uniquement d'un point de vue éthique mais aussi économique.

Les situations d'abus créent des résistances justifiées qui bloquent l'évolution du rapport au travail et présentent l'« indéterminé » comme seul espoir alors que l'espoir peut se trouver dans bien d'autres options...

Local, global

La globalisation et l'éclatement de la structure des entreprises, associés à la rapidité et l'amplitude des changements amènent le DRH à modifier sa vision et à contrôler sa myopie organisationnelle (vision de près excellente, vision large floue).

> Prenons pour exemple la notion d'horaires de travail : elle est liée à une histoire industrielle et à des habitudes législatives qui tendent à régler les problématiques d'entreprises de manière « universelle » et « étatique ». Mais qu'en est-il de cette notion dans un monde de service, de plus en plus « technicisé », avec des contraintes diverses, souvent contradictoires et en perpétuelle évolution ?

Nouveau rapport au travail

Beaucoup de conflits actuels ne sont en fait que des rassemblements d'insatisfactions individuelles mises en commun sans forcément d'unité et d'homogénéité.

Le DRH se retrouve face à une fausse revendication collective, somme de revendications individuelles souvent contradictoires. Face à cela, des organisations syndicales souvent faibles (en ressources, moyens et vision) se présentent en fédérateurs des « plus petits dénominateurs communs », donc en réducteurs, et finalement se trouvent piégées par des arguments simplistes et tournées vers le passé.

3

L'équation impossible
ou le syndrome du catch 22

Dans la théorie des jeux, un catch 22 représente une situation dans laquelle il n'y a pas de gagnant à la fin de la partie, voire même une situation dans laquelle il n'y a que des perdants.

Le terme « catch 22 » est issu du livre de Joseph Heller (1923-1999) qui se situe dans une base militaire au cours de la Seconde Guerre mondiale. L'auteur y montre les incohérences et absurdités de la guerre et décrit notamment ce concept de « catch 22 ».

Choisir entre le marteau et l'enclume ?

Le contexte

Le DRH est entré dans une zone de turbulences encore plus importante que celle que traverse l'entreprise dans la mesure où il doit reconsidérer son rôle et trouver une nouvelle valeur ajoutée, tout en gérant à la fois le quotidien et préparant le futur. La fonction Ressources Humaines, aussi très exposée à ces changements, reste mal perçue et mal comprise.

Le contact avec cette fonction est obligatoire, depuis le recrutement jusqu'à la gestion des vacances, la formation, le contrat de travail ou les assurances ; tout le monde a donc son idée sur la politique RH d'une entreprise car nous sommes tous un des éléments constitutifs et actifs de cette politique.

Qui se prononce sur telle ou telle décision financière ou commerciale ? Peu de gens, si ce ne sont les experts ou managers concernés. En matière de sujets RH – salaire, formation, carrière, recrutement – tout le monde a son mot à dire, et les débats sont souvent proches de ceux de *Caméra Café*.

Face à cela, la DRH s'est dotée d'outils, concepts et méthodes – voire langage (jargon ?) – qui la font paraître une fonction technique. Ceci a tellement bien marché que désormais... la DRH est perçue dans de nombreuses structures comme une équipe détachée de la réalité opérationnelle, au mieux administrative, au pire inutile !

De plus, le DRH est exposé à toutes les critiques car il doit construire une politique et une approche globale alors que les sujets dont il traite sont fondamentalement liés à chaque individu, et donc particuliers.

Enfin, le DRH fait face à un *environnement mouvant*, impacté par des décisions internes mais aussi par l'environnement extérieur (social, politique, concurrentiel, économique, …). Il traite une variété de sujets qui eux-mêmes sont en mouvement. Il doit redéfinir régulièrement ses appuis, comme un alpiniste escaladant un versant couvert de neige.

Et finalement, pour couronner le tout, il faut se poser une question difficile : **les DRH ont-ils envie d'évoluer ?**

Qui dit changement dit risque et suppose des compétences associées. Nos DRH disposent-ils de ces compétences alors qu'ils ont été formés pendant des années à l'expertise en droit du travail, à l'administration du personnel et aux relations sociales ? Peuvent-ils se défaire de cette étiquette et endosser un nouveau costume ? Sont-ils prêts à se positionner en première ligne avec les risques que cela comporte ?

Nous serons amenés dans les prochaines pages à répondre à ces interrogations.

Le futur

« Directeur des Ressources Humaines » : ce titre contient en lui-même une dimension qui va devoir évoluer, celle de « ressources ». Une telle appellation était valable à l'époque où le DRH maîtrisait l'ensemble de ces ressources, dans un monde plus simple, moins globalisé et plus binaire.

Ce titre traduit aussi la vision « productiviste » de l'entreprise où il y a le directeur des ventes – qui vend, celui de la production – qui produit, et celui des RH qui… **au fait, que fait-il ?** Là réside le vrai problème et l'incompréhension à la base de beaucoup de difficultés au sein de l'entreprise. Celui qui gère les ressources humaines, c'est avant tout la/le manager, et non plus le DRH. Cette dimension se renforce de plus en plus. Le DRH gère bien d'autres choses, mais de moins en moins les RESSOURCES Humaines. Ou du moins plus de manière isolée…

Enfin, la vision segmentée par domaine ou par fonction (vente, marketing, recherche, production) a limité la portée du rôle des RH et traduit une vision technique de la fonction cantonnant le DRH à l'administration, les relations sociales, ou à la formation.

Or cette dominante technique va laisser peu à peu sa place à un besoin de compétences relationnelles, de facilitation, de « pont » entre les différences culturelles, de négociation et d'influence sur la stratégie globale.

La nature même de la mission et sa finalité sont en cours de transformation. Au-delà de son rôle actuel, c'est également le profil du titulaire du poste qui devra être revu afin d'intégrer ces nouvelles exigences.

De gestionnaire, le DRH va devenir un *catalyseur*, un intégrateur et un *« hub »*. Il assurera les connexions entre les différentes fonctions, intégrera les nouvelles entreprises et jouera un rôle critique sur la culture de l'entreprise.

Ce qui pourrait changer

La prédominance des relations sociales dans le profil de nos DRH va sensiblement diminuer. La notion de relation sociale va muter et intégrer de plus en plus de sujets pour devenir les relations individuelles et sociales, voire les relations avec la société. Le DRH va devoir faciliter ce passage, qui est semé d'embûches et qui recèle d'énormes conflits potentiels.

Le *profil « technique »* du DRH va également s'effacer au profit de ses compétences managériales et relationnelles.

Alors que pendant de nombreuses années la fonction RH s'est appuyée et construite sur des compétences techniques (gestion de la paye, gestion des relations sociales, droit social et du travail, ...) elle va devoir désormais mettre en avant des compétences relationnelles et de leadership. Sa valeur ajoutée sera de moins en moins basée sur les connaissances mais de plus en plus sur les facultés à faire changer et évoluer l'organisation.

Le DRH est-il face à un « catch 22 » ?

Le DRH se retrouve-t-il dans une situation impossible à gérer parce que remplie de contradictions ?

La fonction RH est de plus en plus confrontée aux incohérences organisationnelles et son orientation davantage opérationnelle lui impose les situations suivantes :

- soutenir les managers en ayant soi-même peu/pas d'expérience du management ;
- aider le business sans expérience du business ;
- être global avec un ancrage local ;
- s'orienter vers le moyen long terme dans des structures pilotées bien souvent par le court terme ;
- épauler le salarié mais défendre les intérêts de l'entreprise ;
- parler globalement de sujets à fortes connotations individuelles (salaires, promotions, carrière, …) ;
- concilier le process et l'humain ;
- gérer une fonction stratégique mais être perçu comme une contrainte ou un coût.

Le vrai catch 22 serait de faire face à une situation sans espoir. Mais dans notre cas l'espoir subsiste !

Les paradoxes évoqués ci-dessus mettent en exergue le besoin d'équilibre, ou du moins le besoin d'une fonction qui puisse assurer un lien entre des objectifs parfois contradictoires.

Entre myopie (vision claire de près mais peu de perspective lointaine) et presbytie (clarté de l'objectif distant mais flou sur les actions à mener à court terme), le DRH doit trouver la bonne équation pour redonner une vision claire à l'organisation.

PARTIE II

Structurer l'organisation

Faire vivre une vraie culture d'entreprise

> « *Organization culture is like pornography:*
> *it is hard to define, but you know it when you see it.* »
> Ellen Wallach

Comment visualiser la culture d'entreprise ?

La culture d'entreprise n'est pas seulement une notion ou un concept : elle se voit et se perçoit. Entrez dans une banque ou une agence de publicité et vous percevrez très rapidement les différences culturelles.

La culture d'entreprise se construit, évolue et se communique – formellement ou informellement. Les éléments listés ci-dessous sont autant de facteurs tangibles qui permettent de l'identifier et de la définir.

– Le *langage* : abréviation, jargon, acronymes sont le quotidien des salariés, un moyen de marquer leur appartenance. Ce langage d'entreprise doit être appris très rapidement au risque de voir le nouvel arrivé exclu du groupe et « éliminé ». Il peut être transmis et amendé, le DRH ayant alors un rôle de scribe et de formateur.

— Les *attitudes* : la gestion des réunions, des relations aux autres sont autant d'observables qui traduisent un culte.

— Les *héros* et les « *légendes urbaines* » : toute culture a ses héros. L'entreprise n'est pas en reste. Il y a également les légendes d'entreprise : « Tu te rappelles d'untel ? », « Je me rappelle le jour où – il y a dix ans – elle s'est levée et a dit... », « Fais attention à ce type de meeting, plusieurs y ont laissé leur peau », ou encore : « Untel vient de prendre ce poste, personne n'a jamais survécu plus de deux ans là-dedans ! » Les héros sont soit les fondateurs, soit des personnes mises en avant par leur personnalité ou des résultats exceptionnels (vendeurs, chercheurs).

— Les *traîtres* : et oui, il y en a aussi : « Tu sais, maintenant, X travaille pour la concurrence... »

— Le *fou du roi* : puissant et unique, il est autorisé à dire ce que les autres pensent tout bas, sans pour autant risquer de « prendre la porte ».

— L'*histoire* : bien sûr elle construit l'entreprise, se communique et s'amplifie au fur et à mesure. Elle associe également les héros et la légende. Les exemples sont nombreux : American Express et William Bill Cody (Buffalo Bill), Air France et les grands aviateurs (Mermoz), l'industrie automobile et ses champions, etc.

- Les *valeurs* et la *vision* : traduction de l'histoire et de la culture en « tables de la Loi », en messages simples et fédérateurs, où il faut éviter à tout prix le poncif (notre valeur : « Développer nos employés », ou pour une société de recherche : « Innover »). Certaines valeurs sont très particulières et liées à la culture.

- Le *comportement managérial* : plus diffus, mais certes important il est aussi une résultante de la culture d'entreprise : manager « dur » ou manager « conciliant » ? Il faut en outre y associer la personnalité du CEO/Président/DG qui tend à transpirer sur le style managérial des collaborateurs.

- Le *rapport annuel* : il peut montrer la culture de l'entreprise, ou la cacher…

Savoir concilier des approches différentes

Le modèle présenté ci-dessous résume la façon très différente dont Européens et Américains définissent et utilisent la culture d'entreprise. Pour les Européens, la culture est un élément constitué par le passé et qui s'est développé dans le long terme. (*cf.* les travaux de Trompenars)

APPROCHE AMÉRICAINE	APPROCHE EUROPÉENNE
– FUTUR	– HISTOIRE
– MOBILITÉ	– IDENTITÉ
– VITALITÉ	– CONVENTIONS
– ORGANISATION	
Le comportement = un effet	Le comportement = une cause
La culture est construite	La culture est réelle

Les modèles de culture d'entreprise

Ce lien historique à la culture n'est pas présent dans la vision américaine où la culture est construite sur la base de critères économiques (performance) ou sociaux (appartenance).

La culture est un moyen de se projeter vers l'avenir, et elle peut évoluer rapidement sous la pression de l'environnement ou des décisions stratégiques. La dimension européenne intègre en plus la complexité et la multiculturalité, alors que la dimension américaine, plutôt que de favoriser la pluralité dans l'organisation met en place des règles d'homogénéisation, voire de standardisation, qui peuvent aller jusqu'à la standardisation des comportements ou des codes vestimentaires.

Cependant ces approches qui peuvent paraître opposées sont en phase de rapprochement. Les entreprises, qu'elles soient européennes ou américaines, sont de plus en plus à la recherche de leur culture.

Les fusions, rachats rendent indispensable la définition de valeurs communes. Si la majorité des fusions échouent économiquement parlant, c'est souvent pour des raisons de non-compatibilité culturelle.

Le besoin de références communes est certain, il ne peut trouver de réponse efficace qu'au travers d'une réflexion profonde et non par des déclarations artificielles, plaquées, non « vécues » et sans ancrage. Pour cela la culture doit être basée sur des réalités pour éviter également la culture « *one size fits all* », simplifiée voire simpliste et qui ne différencie pas l'entreprise par rapport à ses concurrents, partenaires ou clients.

De plus, la culture annoncée et vécue doit être « originale », à savoir unique et spécifique dans son expression. Il s'agit dans ce cas d'éviter les valeurs « bateaux » qui « font bien ». Enfin, la culture décrit ce que l'on est, pas ce que l'on voudrait être.

Évaluer le risque « culturel »

Une culture d'entreprise n'est jamais parfaite. Elle comporte toujours des avantages et des risques et il est préférable de les anticiper afin d'éviter des erreurs managériales ou des dysfonctionnements en matière de communication et d'organisation. C'est une des missions du DRH.

Le modèle présenté ci-dessous permet de positionner votre entreprise et de voir les risques éventuels de conflits entre les différentes cultures. Il intègre deux variables :

- la présence/le poids de la culture « globale » ;
- le poids de la culture par fonction ou nationale.

Chacune de ces deux variables peut adopter comme valeur soit « fort », soit « faible ».

Ceci nous donne donc la matrice à quatre dimensions suivante.

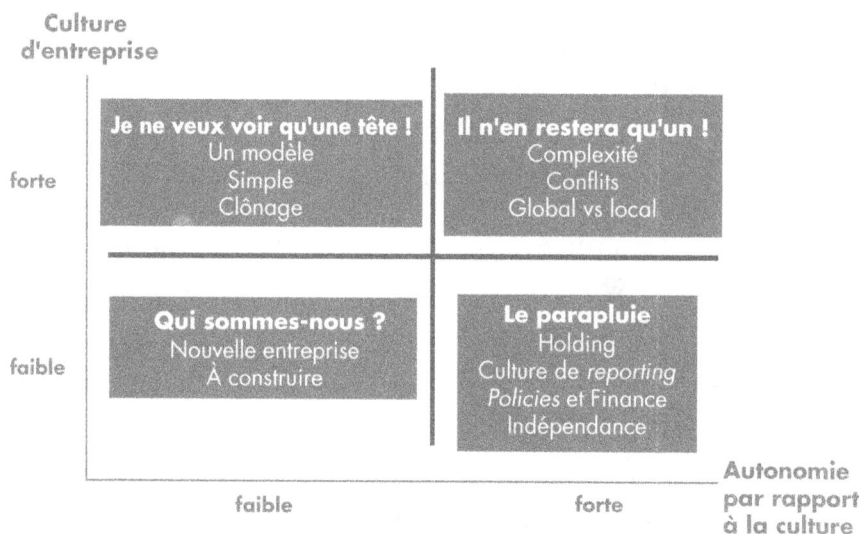

Global vs local : les options

Le modèle « Je ne veux voir qu'une tête ! »

Il regroupe les entreprises disposant d'une culture dominante, unique et souvent inflexible. Les processus d'accueil des nouveaux, de recrutement, d'intégration sont très normés et visent à valider l'acceptation du système et de ses règles. La culture est construite, entretenue visible, matérialisée et communiquée.

Un tel système est puissant et se manœuvre assez facilement. Le risque principal est lié à sa capacité d'adaptation et de changement. Si un fort changement de profil, de comportement s'avère indispensable il doit s'appliquer à l'ensemble de l'organisation.

Le risque d'« aveuglement collectif » est fort, dans la mesure où la capacité de l'organisation à se remettre en cause est faible. Ce modèle est présent dans des entreprises qui visent à impacter leur environnement plutôt que d'être impactées par des évolutions extérieures. C'est un modèle culturel « de combat » et d'opposition.

En terme de pilotage des Ressources Humaines, l'entreprise a tendance à éliminer rapidement – dès le recrutement – les profils « non compatibles ». Dans ce contexte, le DRH est un des « gardes des sceaux ».

Le modèle « Qui sommes-nous ? »

Il caractérise les nouvelles entreprises, les entreprises en croissance ou en recherche d'identité (fort changement identitaire, crise, etc.).

Le DRH est un éclaireur et un facilitateur. Il doit convaincre l'entreprise et préparer la structure à formaliser sa culture (modèle : start-up).

Le modèle « Parapluie »

Il est très présent dans les holdings et les entreprises principalement animées par des motivations financières. La culture est le *reporting* et le résultat. Les structures dépendant de la holding sont, elles, dans l'un des trois autres modèles.

Certaines holdings essaient d'unifier le plus petit dénominateur commun culturel qui est souvent représenté
par le dirigeant.

Le modèle « Il n'en restera qu'un ! »

Ce modèle est le plus complexe. Il associe plusieurs
cultures d'entreprise dans une structure à vocation
unique.

Ce modèle voit s'opposer de manière transitoire ou défi-
nitive des cultures variées et parfois antinomiques
(modèle fusion KLM/Alitalia – modèle Air France/Air
Inter/UTA, modèle Renault/Nissan). Dans ce contexte,
le DRH du groupe a un rôle de fédérateur et de négocia-
teur.

Comment installer et développer une culture d'entreprise ?

Par le système de recrutement

– En établissant *les critères de recrutement*. De plus en plus
ceux-ci vont prendre en compte les valeurs et les
compétences clés de l'entreprise. La dimension purement technique du recrutement va faire place à une
« validation culturelle ». Une grande partie du
turnover est désormais liée à des incompatibilités
culturelles plus qu'à de l'incompétence technique.

– En définissant *process et modalités de sélection* : qui,
quand, comment. Le process est un message envoyé
aux futurs candidats. Il traduit la culture et donne de
nombreuses indications sur les attentes de l'entre-

prise (tests, entretiens de groupe, examens, simulations, *assessment centers*, ...).

— En déterminant l'*induction*, c'est-à-dire le processus d'intégration qui fait partie intégrante du recrutement — notamment tant que la période d'essai n'est pas validée.

— La façon dont l'entreprise « accueille » et « intègre » traduit également sa culture. Cela peut aller du « Débrouille-toi je reviens dans trois mois » au processus complet, cadencé, mesuré et communiqué.

Il faut noter que la période d'essai, jusqu'alors souvent une simple formalité, est en train de devenir une période de recrutement et de test à part entière. Le recours aux CDD de prérecrutement est également un exemple de cette nouvelle façon de gérer l'intégration... ou la non intégration, avec tout les risques que ce type de politique induit.

Il est donc indispensable pour le DRH de mieux la structurer, la monitorer et l'évaluer.

Par le système de performance

— Le système : il s'agit de déterminer la façon dont l'entreprise va définir, cadrer et évaluer la performance de l'organisation et de chaque individu qui y contribue.

— Le choix de l'implantation d'une *Balanced Scorecard* n'est par exemple pas neutre, de même que celui du processus de communication ou du lien avec la rémunération. Ces choix doivent être en phase avec la culture et la vision de l'entreprise.

— La mise en application et le contrôle.

Par le système de sanctions/pression (+/-)

— La politique de rémunération est un des facteurs clès de la culture d'entreprise, au même titre que l'existence – ou non – de système de « prix » internes (ex : employé du mois, meilleur vendeur, …).

Par le système de promotion/développement

— Les compétences clés.

— Les valeurs.

— Les programmes de développement.

— La culture de développement.

— L'implication des dirigeants.

Par le système de communication

— Le *Corporate Branding*.

— Les outils et médias employés (ex: courriers, lettres internes, intranet, forum de discussion, « grandes messes », conventions, …).

Quelle est la culture dominante dans votre organisation ?

La culture d'entreprise est aussi la résultante de l'histoire, des valeurs fondatrices et de la culture dominante. Par culture dominante nous entendons celle qui a façonné les autres ou qui est reconnue de manière collective par l'entreprise comme LA fonction clé. Elle peut prendre plusieurs formes :

— être basée sur le pays d'origine : dans ce cas l'origine nationale influence grandement la culture de l'entreprise ;

> Pendant longtemps il s'est agi par exemple des compagnies aériennes qui, au-delà de leur rôle de transporteur, jouaient également un rôle de co-ambassadeur du pays. Le nom du pays — associé à un nom de marque commerciale — a grandement renforcé cette orientation (Air France, British Airways, Lufthansa, Swiss).

— être basée sur le produit : ce dernier a façonné la culture, soit par l'omniprésence d'une marque ou par un type de produit nécessitant une culture particulière (les « *Low Costs* » dans le transport aérien). La culture ne se lit plus sur l'empennage par le biais des couleurs nationales (drapeau français, *Union Jack*, ...) mais par l'affichage d'une marque ou d'un credo (EasyJet) ;

— trouver ses racines dans l'histoire de l'entreprise mais être aussi une résultante du profil de ses dirigeants ou créateurs.

> La culture de la fonction se voyait particulièrement bien dans une entreprise comme Rank Xerox, où la fonction vente était à la fois la fonction reine et la fonction de passage obligé, modelant un mode de fonctionnement et de relations aux autres. Les exemples sont nombreux : la

culture « recherche » chez HP vs la culture marketing chez Compaq.

Changer de culture : utopie ou possibilité ?

Une fois que vous avez identifié et formalisé la culture de votre entreprise, votre rôle consiste à la faire évoluer en fonction des variations de l'environnement et de la stratégie de l'entreprise. Bien sûr une culture ne se « change » pas aussi facilement qu'un organigramme.

La première fonction de la culture d'entreprise est de stabiliser l'organisation et de lui donner des bases solides. Tout changement doit donc être mûrement réfléchi. De plus, un réel changement suppose que vous disposiez du temps nécessaire ainsi que des moyens indispensables. Enfin, avant d'entreprendre tout changement il est également indispensable d'identifier les risques liés à cette modification. Ils sont souvent importants et peuvent avoir un impact réel sur le développement, voire la pérennité de votre organisation.

Quelles sont tout d'abord les raisons qui peuvent amener une entreprise à faire évoluer sa culture ?

– *Les choix et impulsions du dirigeant* (sans modification du périmètre de l'entreprise liée à un rachat ou une absorption) : le dirigeant a dans ce cas un impact fort sur la culture d'entreprise. Il peut même en être un des initiateurs. Ceci dit, la décision doit être partagée avec les autres membres de la direction générale. Il est important de noter qu'une décision individuelle peut initier le changement, par contre sa concrétisation ne se fera qu'au travers d'un travail d'équipe. Ce type d'impulsion peut parfois être précédé par une modification sensible de la composition de la DG.

— *La croissance externe* : fusions, acquisitions, *downsizing* sont autant d'événements qui peuvent justifier une modification de la culture d'entreprise. Le rôle du DRH est dans ce cas d'identifier au préalable les cultures en présence et de définir le modèle d'intégration (comment adapter une entreprise rachetée à la culture de l'organisation dominante), le modèle de coopération (comment faire cohabiter des cultures différentes) ou le modèle de projection (comment définir une nouvelle culture, fusion de plusieurs cultures existantes). Chacun de ces modèles dépend du choix de la direction générale mais doit être clairement choisi dès l'origine.

— *L'évolution de l'offre produits* : l'arrivée de nouveaux produits peut amener une entreprise à se poser la question de sa culture.

— *Les changements extérieurs*, au titre desquels nous pouvons lister la concurrence, la régulation, les nouvelles technologies, …

Façonner le système de performance

Définir les règles du jeu

La notion de performance a très largement évolué au cours de ces dernières années, notamment sous l'emprise des marchés financiers.

La performance à court terme devient de plus en plus l'élément moteur du fonctionnement des organisations. Ceci se retrouve renforcé par la forte instabilité économique, politique et sociale, associée à la rapidité des changements (notamment techniques et technologiques). Dans ce contexte, le DRH doit consolider son rôle en tant qu'acteur de la performance globale de l'entreprise, tout en utilisant sa position privilégiée pour donner un sens à l'organisation.

Sa mission est de ce fait de mettre en place le système de performance qui respecte deux dimensions :

— les objectifs et les valeurs de l'entreprise : qui supposent la prise en compte du contexte économique, du (des) produit(s), de la culture d'entreprise, des relations sociales, du style de management ou de la localisation) ;

— la dimension temporelle : il s'agit alors de veiller à ce que ce système ne mette pas en cause l'avenir de l'entreprise par une trop grande prise en compte des enjeux à court terme au détriment de la perspective de développement à moyen ou long terme.

Une fois ce système mis en place, une autre phase critique est d'assurer sa maintenance et notamment son évolution au fil du temps. Là encore, le DRH doit mesurer les effets du changement de système sur l'organisation.

Un système trop mobile ne créera pas l'indispensable besoin de référence interne (trop instable pour créer l'acceptation), la trop grande stabilité risquant quant à elle de mettre le système en porte-à-faux par rapport aux orientations stratégiques de l'entreprise et l'évolution de l'environnement.

Élaborer un nouvel espace d'action

L'objectif RH pourrait se définir comme ceci : « Contribuer à la performance de l'entreprise en la dotant des outils, systèmes, références et concepts qui lui permettent de recruter, développer, retenir les employés les plus performants et d'adapter constamment son organisation et ses modes de fonctionnement aux challenges résultant des objectifs opérationnels à court et à moyen terme. »

Le DRH a donc un rôle pivot à jouer. Il doit aussi bien être impliqué dans le système de fixation et de contrôle des objectifs collectifs que dans celui des objectifs individuels. Enfin, pour disposer d'un système efficace il doit définir le lien avec le système de rémunération. Pour cela, il est indispensable :

— d'assurer le lien avec les objectifs business, et donc de les comprendre, les partager et les challenger ;

— d'assurer le lien entre court terme (année) et moyen terme (développement/anticipation). C'est LE gros problème des organisations. La pression financière a rendu le pilotage à moyen terme de plus en plus aléatoire. Même si toutes les entreprises se targuent d'une stratégie claire à deux ou trois ans, la plupart doivent faire des sacrifices réguliers sur l'autel de la performance financière à court terme. Cette attitude a souvent un impact négatif sur les orientations à long terme. Le DRH peut, par sa position au sein du comité de direction, rappeler les enjeux à moyen terme ;

— d'assurer un équilibre entre objectifs quantitatifs et qualitatifs : les chiffres ne sont pas tout ! La performance doit intégrer des notions qualitatives au risque de mettre en place des attitudes « à la Attila » où rien ne repousse après le passage des indicateurs financiers ;

— d'assurer la cohérence avec la culture de l'entreprise ;

— de proposer des outils opérationnels ;

— d'assurer la continuité dans le changement.

La matrice performance/organisation

Distinguons :

- l'*organisation simple* : société neuve, organisation « linéaire classique ». Simplicité des rattachements hiérarchiques, pas/peu de double rattachement (fonctionnel/hiérarchique), pas de structure matricielle. Organisation facilement lisible ;

- l'*organisation complexe* : matricielle (deux, voire trois dimensions), nombreux projets, nombreux changements. Organisation instable, difficilement lisible ;

- le *système de performance simple* : pas ou peu de système de performance. Critères financiers de base. Forte cohérence, peu de niveaux. Lien performance collective/individuelle simple et politique de rémunération simple. Système de sanction limité ;

- le *système de performance complexe* : plusieurs niveaux, fort lien avec la rémunération, système de rémunération variable complexe (stock-options, bonus, primes, « *benefits* » – voiture de fonction, …). Système de sanction présent et utilisé (départ pour manque de performance). Forte pression du court terme, lien avec les résultats financiers très fort.

complexe

Organisation « suréquipée » Logique d'outils très forte Entreprise en croissance / est sortie de sa phase de survie / modèle anglo-saxon	Organisation mature, complexe et très structurée Organisation mobile Forte exposition sur l'extérieur Exigence, performance à court terme, pression

simple

Nouvelle entreprise Croissance mais très orientée produit logique de survie à court terme Faible effectif	Organisation complexe mais au système de performance simple Orientée long terme, stable L'importance du système de performance est soit réduit, soit la performance est facile à identifier (structure commerciale)

simple   complexe   **Organisation**

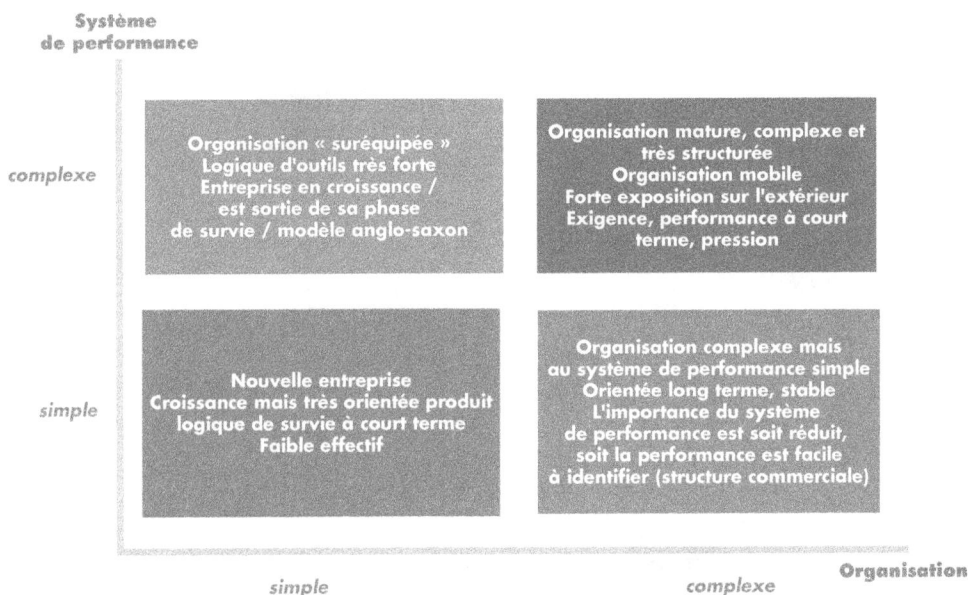

Système de performance et modèles d'organisation

Des outils pour favoriser une vision moyen terme des actions RH

Tout plan de pilotage des RH à moyen terme doit commencer par une analyse des objectifs de votre organisation. L'exemple ci-dessous reprend les objectifs annuels et les objectifs connus à 18/24 mois. La seconde colonne liste les impacts que ces objectifs pourraient avoir sur l'organisation (besoin de nouvelles compétences, rachat, formation, nouveau système d'*incentive*, …).

1: identifier l'impact des objectifs opérationnels sur l'organisation

	les objectifs opérationnels	Impact sur l'organisation
Année		
Moyen terme		

À partir de cette première analyse, identifiez les forces, faiblesses, opportunités et menaces *(Strenghts, Weakenesses, Opportunities and Threats)* relatives à votre activité et votre organisation. Il s'agit pour les forces et faiblesses de se centrer sur la dimension actuelle et pour les opportunités et les menaces d'anticiper à la fois des évolutions internes et externes. Une fois cette analyse terminée, il faudra définir les actions à mener et leur associer les critères de mesure nécessaires.

2 : identifier les forces, faiblesses, opportunités et risque (SWOT)

S	W
O	T

Une fois l'analyse de l'organisation terminée, il est nécessaire de rentrer plus à fond dans l'*analyse individuelle*. Là encore l'objectif est d'identifier des potentialités ou de lister les options qui pourraient servir de base à des décisions futures.

Il s'agit d'une démarche pédagogique qui doit aider le manager à mieux appréhender son organisation. Sur l'exemple ci-dessous les points d'attention sont nombreux : la séniorité, le niveau hiérarchique, les compétences clés de la personne, sa performance passée et actuelle (N-1, N), ses possibilités d'évolution, ses contraintes professionnelles ou le successeur potentiel. Enfin, ce document reprend les types d'actions de développement qui pourraient être entrepris (à échéance d'un an) pour accompagner l'évolution professionnelle de cette personne. Mais ce genre de tableau peut être réalisé pour l'ensemble des personnes directement rattachées au manager.

Nom		Compétences clés	
Fonction		Aspirations	
Titre		Contraintes possibles	
Ancienneté (poste actuel/ entreprise		Successeur potentiel	
Niveau hiérarchique		Prochain poste	
Performance	N-1 / N	Autres commentaires	

Quel objectif de développement ?	

Actions	Mesures	Responsable	Délais

People review

Les *objectifs de développement* sont classés en fonction de la performance actuelle et du potentiel de la personne. Le tableau ci-dessous reprend neuf catégories classées en fonction de la performance (faible, normale, forte) et du potentiel (absent, à valider, réel).

Retenir l'expertise	**Confirmer le potentiel**	**Prépare le futur**
Plan de rétention, mentoring accompagnement des nouveaux, transfert de responsabilité	Évaluation du potentiel	Promotion, coaching, formation de développement à des responsabilités futures, nouvelles responsabilités
Renforcer l'expertise	**Développer dans le poste**	**Suivi**
Plan de développement centré sur les compétences techniques	Plan classique alternant développement technique et compétence comportementales	Évaluation, nouvelles responsabilités, entretien avec la DRH
Retour à la performance	**Améliorer**	**Nouveaux**
Plan à court terme (3 mois) et centré sur la performance dans le poste. Objectifs clairs et enjeux formalisés	Donner un feed-back, proposer un plan à 3 mois	Plan d'intégration, accompagnement dans la prise de poste

Forte (haut à gauche) · *Performance* (axe vertical) · *Potentiel pour le futur* · *Haut*

Développement : entre performance et potentiel

Les points d'attention

– La colonne de droite rassemble les nouveaux, les hauts potentiels et la catégorie intermédiaire (performance acceptable mais haut potentiel). Cette dernière catégorie concerne souvent les personnes qui ont évolué de la case haut potentiel vers ce statut par manque de décision de l'entreprise. Une attention particulière doit être portée à ces cas afin de permettre d'identifier les raisons de ce positionnement.

– Dans la colonne centrale, la catégorie intermédiaire est la plus fréquente. Les deux autres sont des catégories de

« passage » qui doivent permettre d'analyser une situation et de confirmer des options encore incertaines.

— Dans la colonne de gauche, on constate deux catégories nécessitant une attention particulière. D'une part les personnes ayant une faible performance et un potentiel développement limité ; cette catégorie nécessite avant tout de donner un feed-back formalisé et documenté à la personne puis de proposer un plan de retour à la performance centré sur les activités de la fonction. D'autre part, l'autre extrême concerne les experts ayant atteint leur niveau maximum de développement. Leur potentiel est donc limité mais ils jouent un rôle stratégique en apportant des connaissances rares. Il s'agit alors de faire évoluer leurs responsabilités non pas de manière hiérarchique mais, par exemple, en utilisant leur savoir pour former des nouveaux. Enfin, il faut aussi parer au risque de départ en préparant des successeurs et en assurant le transfert de savoir.

Construire et animer un système de performance

Le système de performance modèle le fonctionnement de l'entreprise, depuis son fonctionnement global jusqu'aux comportements individuels. À partir du moment où ce système intègre un lien avec la rémunération il va dicter les actions individuelles et impacter la façon dont chacun se comporte. Le DRH doit donc prendre une part cruciale dans le processus de définition et de mise en place du système de performance de l'entreprise. Il doit faire cela en analysant les impacts humains et organisationnels de chaque option avant de faire un choix définitif.

Les étapes indispensables

1. Définir la performance

Sans cette définition initiale, communiquée et approuvée, le risque d'incompréhension est fort, avec comme conséquence directe une inefficacité du système, voire des résultats contraires à ceux initialement visés par la mise en place du système. Il s'agit de fixer les règles du jeu et de faire en sorte que celles-ci soient connues et acceptées.

2. Définir les niveaux de performance

Il s'agit de répondre aux questions suivantes :

- comment définir une performance exceptionnelle ?
- comment définir une performance normale, moyenne ?
- comment définir une performance limitée, voire inacceptable ?

3. Définir le système de contrainte

La nature est ainsi faite que le pilotage de la performance passe par la mise en place du système de contraintes – positives ou négatives – associé à la notion de performance.

4. Définir le système de contrôle et de validation

Comment sera vérifiée l'atteinte – ou non – des objectifs ? Quels sont les outils, process, méthodologies utilisés ?

Qui est en charge de ce contrôle ? Il convient aussi de définir comment seront traités les cas « exceptionnels » qui peuvent prêter à confusion : changements d'objectifs liés à une situation inattendue, etc.

5. Communiquer et former

C'est souvent le point faible du système de performance : comment le communiquer, à qui, via quel support et comment en assurer la bonne utilisation (formation) ?

6. Faire vivre et évoluer

Un tel système doit vivre et évoluer. De quelle façon mesurer son impact, évaluer les besoins de changement ou vérifier son adéquation avec la stratégie et la structure de l'organisation ?

Approfondissement de la définition de performance

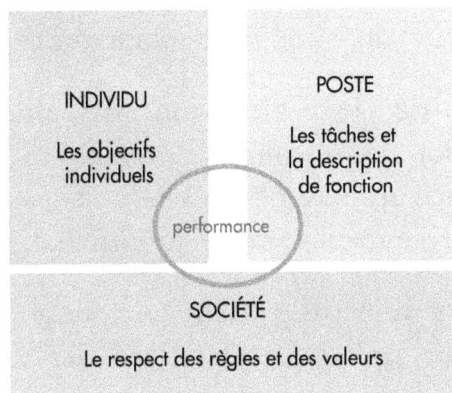

La performance

Le schéma ci-dessus reprend une définition de la performance qui intègre :

83

Les objectifs individuels

Ils sont bien souvent au centre du système de performance dans la mesure où ils constituent sa part « négociable » et « variable ». *Négociable* car ils font l'objet d'une discussion au minimum annuelle entre le manager et l'employé, de laquelle découle un certain nombre d'engagements mesurables, limités dans le temps et réellement individuels. *Variable* puisque les objectifs peuvent/doivent évoluer et changer chaque année ; ils sont soit individuels (liés à UN individu) soit collectifs (liés à l'ENSEMBLE des membres d'une équipe).

Les tâches/la description de poste

Il s'agit ici de lister les actions que nous sommes tous amenés à mener quotidiennement et qui ne sont pas forcément liées ou intégrées dans un objectif précis. La plupart du temps cela concerne des actions identifiées et formalisées dans la définition du poste, pour autant que celle-ci existe.

La définition de poste n'est donc pas uniquement un outil de gestion des ressources humaines ; il s'agit bel et bien d'un outil important dans la gestion de la performance et dans le management quotidien.

Alors que les objectifs varient en fonction de chaque individu pour prendre en compte des critères aussi variés que la formation initiale, l'expérience, l'ancienneté, la performance passée, le potentiel de développement ou les compétences techniques, les tâches sont associées à un poste et donc sont probablement plus stables. La composante « tâches » de la performance sert aussi à stabiliser la performance collective et à éviter la prise de poids trop importante des objectifs individuels.

Les règles et les valeurs

Souvent oubliées, les *règles* font pourtant partie intégrante du système de performance. Il s'agit en effet de déterminer dans quel cadre les objectifs et les tâches doivent être accomplis et de lister « l'acceptable » et le « non-acceptable ».

Le non-respect des règles entraîne des sanctions immédiates. Le respect des règles n'est quant à lui pas « valorisé » (on ne rémunère pas plus une personne pour avoir respecté des règles).

La prise en compte des *valeurs* est quant à elle un peu différente. Rares sont encore les entreprises qui intègrent RÉELLEMENT le respect des valeurs dans leur système de performance. Nombreuses ont été les tentatives mais le risque de parti pris ou autrement dit de « notes de gueule » est encore trop important. Enfin, l'attitude culturelle par rapport aux valeurs joue également. Aux États-Unis une sanction peut être prise pour un non-respect des valeurs, alors qu'en Europe la valeur reste encore du domaine de la personne et de la déclaration d'intention.

La performance se définit donc comme une conjonction de ces trois éléments.

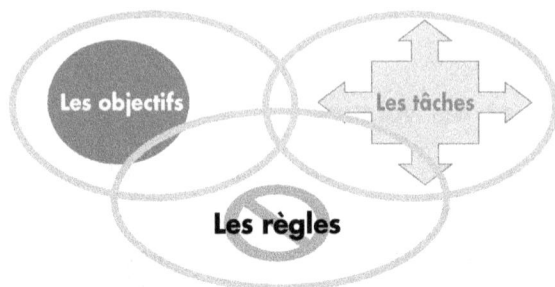

Les trois composantes de la performance

Pour être performant, il faut à la fois atteindre ses objectifs tout en réalisant son travail quotidien et en respectant les règles fixées par l'entreprise ou les règles qui s'imposent à l'entreprise et à chaque individu (lois, règlements, éthique, …).

En résumé, l'objectif est lié à l'individu, la définition de poste à la fonction et la règle à l'organisation.

Le rôle du DRH

Par rapport aux objectifs

Le DRH définit la notion d'objectif et les règles qui s'y appliquent. Il informe et forme les employés sur ces règles, et assure un suivi ainsi qu'un appui opérationnel afin de vérifier que les objectifs soient en phase avec les règles fixées.

Définir

Très classiquement ces règles se retrouvent sous le modèle SMART et peuvent se définir de la façon suivante :

— *S pour Spécifique.* Il s'agit là d'un des points les plus importants, au demeurant évident mais souvent oublié. Un objectif est lié à un individu et non à une fonction. S'il est possible de fixer EXACTEMENT le même objectif à plusieurs personnes, il ne s'agit plus alors d'un objectif mais d'une tâche ou d'une mission. La spécificité de l'objectif prend en compte l'expérience, le profil, la formation, la performance passée, les orientations de l'équipe, les points forts ou à améliorer de la personne, etc.

— *M pour Mesurable.* Tout objectif doit intégrer une ou plusieurs mesures claires, communiquées et approuvées. Il s'agit de la partie la plus difficile, sur laquelle butent de nombreux managers et RH. Par exemple : « Mieux communiquer » / « Développer ses ventes » / « Accroître sa part de marché » sont autant d'objectifs non mesurables.
L'absence de mesures concrètes laisse place au libre arbitre et peut amener à des conflits d'interprétation. Il s'agit donc d'éviter des interprétations contradictoires du même objectif qui n'a pas été clairement défini (par exemple : « Mieux communiquer » qui peut prêter à de multiples interprétations). Le rôle du DRH est alors d'éduquer et de contrôler en donnant un feed-back précis sur les objectifs fixés.

— *A pour Atteignable* : l'objectif doit être ni trop facile ni trop dur (prise de risque).

— *R pour Réaliste.* À savoir en ligne avec la stratégie, les objectifs d'équipe ou les besoins individuels. Il faut valider le lien entre les objectifs d'entreprise, d'équipe et les objectifs individuels. Ces derniers ne doivent pas être dissociés de la stratégie – ils sont définis pour permettre à chacun de mesurer sa contribution à la stratégie globale de l'entreprise ou de l'unité.

- *T pour Temps*. Un objectif dispose d'un cadre temporel de réalisation : un début et une fin. La notion de temps donne aussi une indication sur le niveau de performance. Un objectif atteint avant le délai imparti traduit une performance supérieure à l'atteinte du même objectif dans les temps.

Cadrer la prise de risque

L'objectif suppose une prise de risque. Et tout risque comprend une dimension de pari. L'objectif est donc un pari sur une réalisation future. Il peut très bien ne pas être atteint, comme il peut être dépassé. Ceci est fondamental dans sa définition même. Il ne doit être ni trop simple (réussite assurée à 100 %), ni trop risqué (échec assuré à 100 %).

La rémunération doit prendre en compte cette notion de risque et ne pas bloquer les initiatives. Un système de contrainte trop fort (du type « atteint ou viré ! ») empêchera la fixation d'objectifs ambitieux, un système de contrainte absent laissera libre cours à des objectifs jamais atteints mais toujours répétés.

Trop difficile   X   démotivation

Zone de « risque »   X

Trop facile   X   Désintérêt

Calibrer l'objectif

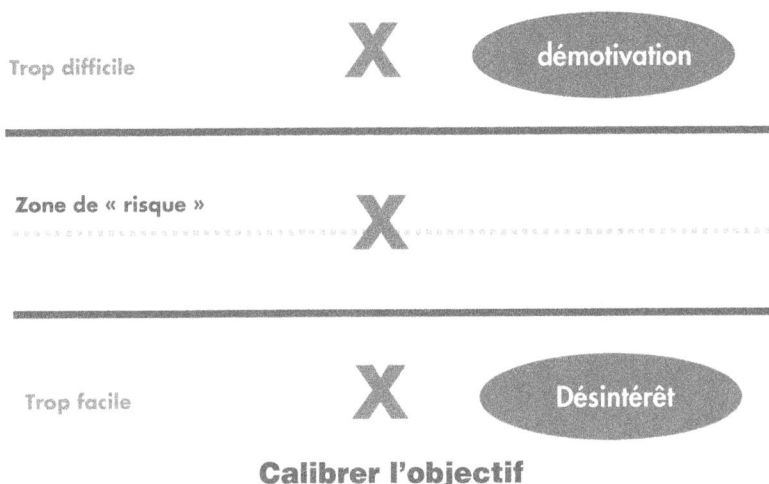

Le schéma ci-dessus reprend ce point. Le rôle du DRH est d'amener le manager à prendre conscience de la zone de risque dans laquelle il peut évoluer et de l'aider à y demeurer. Par la suite il mettra en place l'aide opérationnelle indispensable pour gérer les exceptions.

Une autre façon de cadrer la prise de risque est de travailler sur le modèle de fixation d'objectifs en édictant des règles liées au nombre et à la nature des objectifs plus qu'à leur rédaction et définition.

Les risques sont les suivants :

— un *système trop simple* (un ou deux objectifs maximum) mettant beaucoup de pression et allouant peu d'espace à la prise de risque, donc à l'innovation. Efficacité à court terme mais enfermement et risque sur le long terme. Mise en place de comportements dangereux pour la réussite collective ;

89

– un *système trop complexe* (plus de six à sept objectifs) diluera l'efficacité du système, ou traduira une volonté de micromanagement. Risque : déresponsabilisation ;

– un *système trop « qualitatif »* comportera le risque de mesures vagues et floues rendant le dispositif inefficace parce que perçu comme « une note de gueule » ;

– un *système trop « quantitatif »* (des chiffres, des indicateurs) n'aura pas d'effet sur les comportements, les attitudes et les améliorations individuelles.

La bonne réponse se trouve donc dans le panachage et l'équilibre. Seul le DRH peut assurer ce montage et en garantir l'efficacité et la pérennité au-delà des difficultés individuelles, des cas particuliers et des exceptions à la règle.

Ce que pourrait être un système d'objectifs équilibré

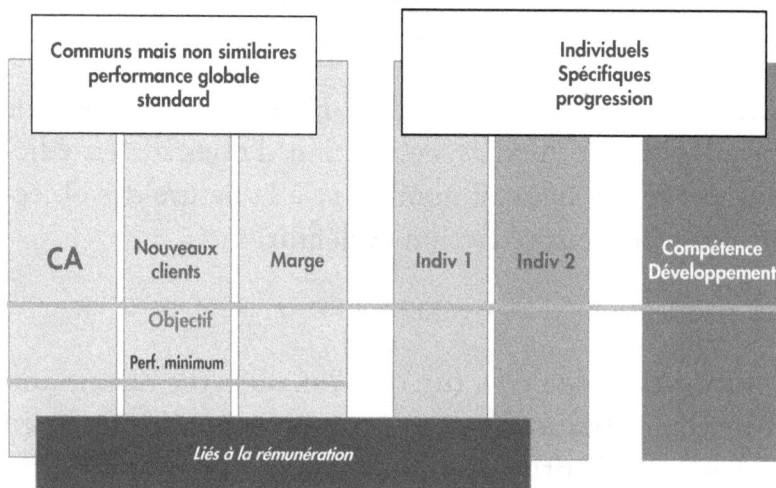

Communs mais non similaires performance globale standard						Individuels Spécifiques progression
CA	Nouveaux clients	Marge		Indiv 1	Indiv 2	Compétence Développement
	Objectif					
	Perf. minimum					
Liés à la rémunération						

Exemple d'un système d'objectifs individuels

Sur ce modèle défini pour des fonctions commerciales, le panachage a été réalisé de plusieurs façons :

- panachage entre objectifs communs déclinés indivi-
duellement (nombre de nouveaux clients, chiffre
d'affaires) et objectifs individuels. Les objectifs
« communs », et non pas identiques, assurent une
cohérence d'équipe, permettent la comparaison des
performances et facilitent la communication globale
vis-à-vis de chacun des membres de l'équipe. Les
objectifs individuels prennent en compte chaque
personne et constituent la base du management individuel (coaching, plan de progrès personnel, développement des compétences propres à chacun) ;

- panachage entre objectifs de production et objectifs
de développement (colonne à l'extrême droite) ;

- panachage entre objectifs liés à la rémunération
variable et objectifs non « incentivés ». Dans ce
schéma, les objectifs de développement ne sont pas
liés à la rémunération variable ;

- enfin ce système cadre le nombre d'objectifs en fixant
un maximum à 7 : 3 +/- 1 « business », 2 +/- 1
« individuels » et 1 minimum « développement ».

Par rapport à la définition de fonction

Le rôle du DRH est de cadrer ces définitions de fonction, de les rendre utilisables par des managers et des
employés et d'en assurer la meilleure diffusion possible.
Il s'agit avant tout d'un rôle partagé avec le management, le manager définissant les aspects techniques de la
fonction, le DRH assurant la mise en forme, la diffusion
et veillant à la mise en place de ces définitions.

Par rapport aux règles

Le DRH définit le cadre et les règles communes. Il agit en « législateur ». Il définit également les « sanctions » ainsi que les modes d'information (par exemple : règlement du personnel). Il agit de surcroît en conseiller auprès du management en traitant des cas exceptionnels et en intervenant sur les exceptions.

Enfin, le DRH précise en outre comment un manager doit expliquer et utiliser ces trois aspects de la performance. Le schéma ci-dessous reprend les grandes actions qu'un manager peut mener pour rendre ces trois pôles de performance concrets et explicites.

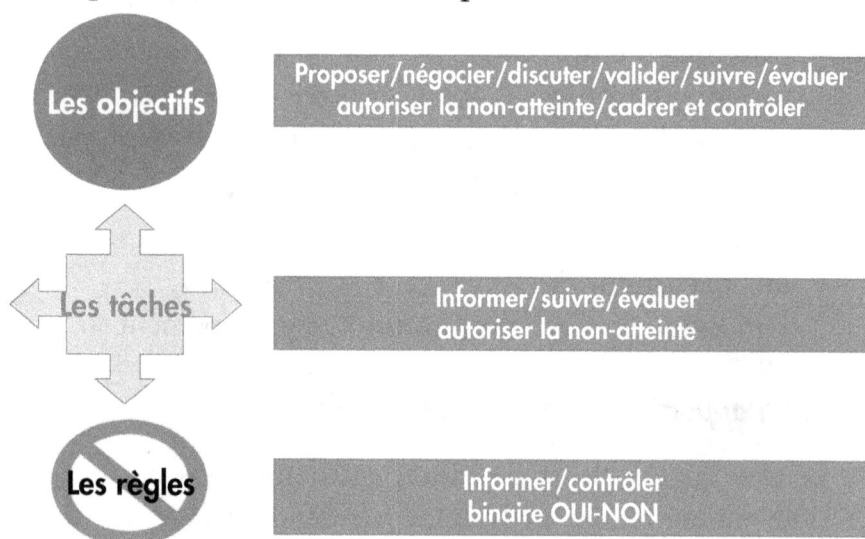

Les objectifs — Proposer/négocier/discuter/valider/suivre/évaluer autoriser la non-atteinte/cadrer et contrôler

Les tâches — Informer/suivre/évaluer autoriser la non-atteinte

Les règles — Informer/contrôler binaire OUI-NON

Manager la performance

En résumé, le pilotage de la performance reprend les trois dimensions ci-dessus. Pour chacune d'entre elles plusieurs actions sont à mener. L'action commune à l'ensemble des trois dimensions est la communication et l'information. Ce dispositif ne peut pas être efficace sans une communication claire qui précise les définitions, les cadres et les règles du jeu (sanctions).

Ensuite, pour chaque dimension l'objectif du DRH est de définir les marges de manœuvre possibles : un objectif peut se discuter, se négocier et comporte un risque et donc une clause de « non-atteinte ». La règle est, elle, non négociable et son analyse est binaire (appliquée/non appliquée, oui/non). Les tâches font partie de la description de poste réalisée par le manager et approuvée par la DRH.

Le processus de management de la performance individuelle

Le schéma ci-dessous décrit un système de performance individuelle classique qui englobe la fixation d'objectifs et l'évaluation de la performance. Chacune de ces deux phases regroupe les étapes suivantes.

En théorie...

1. La *préparation individuelle* : elle est dictée par le rôle donné à l'employé dans ce processus. Certaines organisations demandent à ce dernier de prendre l'initiative du process et d'autres laissent le manager engager la discussion. La mise en avant de l'employé dans le process le rend probablement plus à l'écoute du système, mais également renforce la qualité de la démarche en la rendant moins « hiérarchique ».

2. *L'entretien* : il est bien sûr le moment clé du processus. Il peut y en avoir un qui combine discussion sur les objectifs et sur la performance de l'année écoulée, ou deux : un pour chaque phase. Beaucoup de choses ont été dites et écrites sur la façon de conduire cet entretien. Nous insisterons ici surtout sur le fait que l'arrivée des nouvelles technologies associée à l'adoption par l'entreprise de structures de plus en plus souples fait peser une menace sur cette phase. Il est de plus en plus fréquent de voir dans des entreprises équipées d'un système de management de la performance *on line* des situations où les entretiens sont « oubliés » au profit d'un échange par e-mails interposés. C'est un grand risque pour la qualité des relations dans l'entreprise et la qualité du système de management de la performance.

3. La *finalisation* et la *validation* : il s'agit alors pour la manager de formaliser les résultats de l'entretien mais aussi d'équilibrer les conclusions entre les différents entretiens et de remettre les objectifs fixés en perspective avec les objectifs d'équipe.

4. La *communication* : une fois validés, les objectifs doivent être bien sûr communiqués à chaque personne mais peuvent aussi être communiqués et commentés à l'équipe afin que chacun sache quel rôle joue chaque membre de l'équipe.

5. *L'entretien annuel d'évaluation*. Nous avons associé cet entretien avec la phase de revue régulière. En effet un entretien annuel ne suffit pas. Le management de la performance suppose un suivi régulier, au minimum mensuel, afin de proposer des actions correctives effi-

caces. L'entretien de fin d'année n'est que le bilan final d'une série de feed-back réguliers. Il ne s'agit nullement d'un *Règlement de comptes à OK Corral*.

6. Enfin, le lien avec le *système de rémunération* constitue probablement le moteur le plus efficace pour qu'un système de performance porte ses fruits. Pour parvenir à cela, il devra rémunérer le dépassement des objectifs, et intégrer également les autres variables (règles et tâches) tout en associant la performance individuelle et la performance collective.

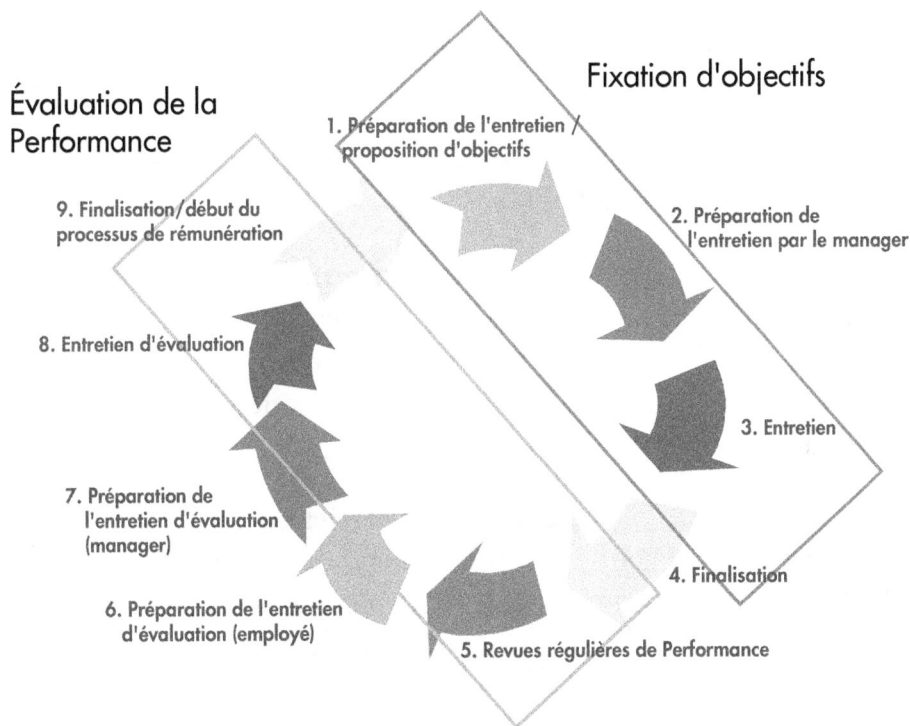

Évaluation de la Performance

Fixation d'objectifs

1. Préparation de l'entretien / proposition d'objectifs

9. Finalisation/début du processus de rémunération

2. Préparation de l'entretien par le manager

8. Entretien d'évaluation

3. Entretien

7. Préparation de l'entretien d'évaluation (manager)

4. Finalisation

6. Préparation de l'entretien d'évaluation (employé)

5. Revues régulières de Performance

Modèle de processus de gestion de la performance

... Mais la réalité est parfois différente

1. La *préparation individuelle* du collaborateur ou du manager : peu de préparation, peur, manque de formation, poids et influence du manager. Dans ce cas, le rôle du DRH est d'avant tout communiquer et de créer un effet « tenaille » – et de ne pas laisser les employés sans formation ou sans communication.

> Conseil du DRH : pourquoi ne pas associer les managers et les employés dans la même formation ?

2. *L'entretien* : durée variable, monologue plutôt que dialogue. Décision *a priori*.

> Conseil du DRH : monitorer le process, enquête post-process avec mesures claires et communication aux dirigeants.

3. La *finalisation* et la *communication* : il s'agit de la phase post-entretien qui regroupe la validation de la mesure de la performance, le process de décision en matière de rémunération et la communication des « résultats finaux ».

4. Une *revue régulière* et un entretien de fin d'année (évaluation). Dans la plupart des cas le suivi est le maillon faible du processus. Une des conséquences est la transformation de l'entretien de fin d'année en règlement de compte.

> Conseil du DRH : forcer les managers à conduire des entretiens réguliers (par exemple via le système de fixation d'objectifs individuels).

Le style de management et le comportement individuel influencés par le système d'objectifs

C'est le point d'attention principal que doit apporter le DRH au système de performance. Pour cela, il doit répondre aux questions : quels sont les avantages et les risques portés par ce système ? Quels comportements ce système va-t-il introduire dans nos équipes ?

Les avantages et les risques

Un système trop centré sur la performance à court terme rendra les équipes myopes (vision proche claire mais vision lointaine floue) et fera prendre des décisions efficaces à court terme mais dangereuses pour l'avenir.

Un système trop vague ou trop centré sur la vision rendra l'équipe presbyte (vision claire à long terme mais difficile de près) et ne mettra pas l'équipe en action.

Un trop grand nombre d'objectifs traduira le management par la tâche et réduira l'esprit d'initiative et l'autonomie indispensables pour réussir et s'adapter.

Un système trop coercitif bloquera aussi la prise de risque, surtout si le lien avec la rémunération est fort, alors qu'un système non coercitif (pas d'enjeux personnels) aura l'effet inverse et déresponsabilisera les équipes.

Changements de comportement ?

Une mauvaise application de la définition de l'objectif influencera aussi les comportements managériaux. Ainsi, des objectifs qui ne sont en fait que des tâches (par exemple : « Recevoir des appels clients ») mettront en place des réflexes de micromanagement et les attitudes qui y répondent (désintérêt, non prise de décision, laisser-faire), alors que des objectifs trop vagues, et donc assimilables à une vision (« Devenir les premiers », « Gagner des parts de marché ») seront eux trop vastes et pas assez orientés vers l'action.

C'est ce que résume le schéma ci-dessous :

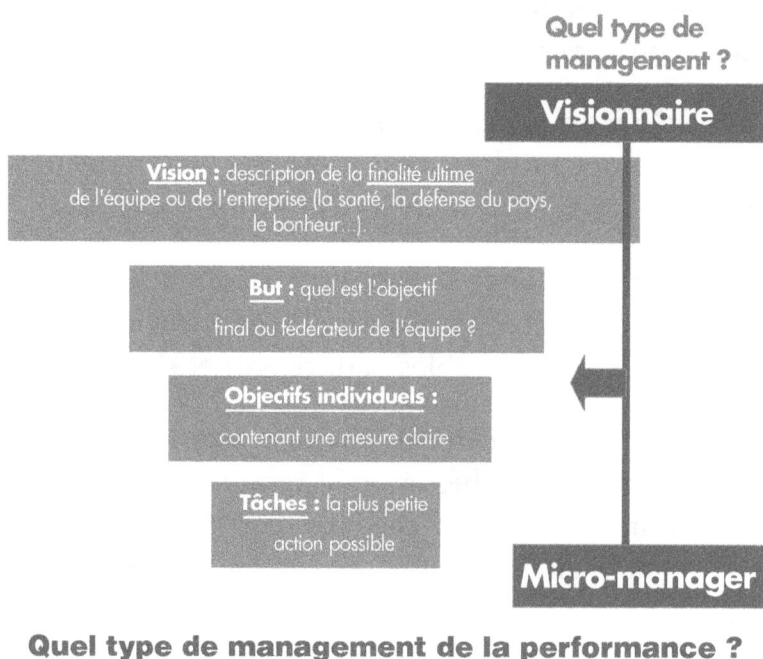

Quel type de management ?

Visionnaire

Vision : description de la finalité ultime de l'équipe ou de l'entreprise (la santé, la défense du pays, le bonheur...).

But : quel est l'objectif final ou fédérateur de l'équipe ?

Objectifs individuels : contenant une mesure claire

Tâches : la plus petite action possible

Micro-manager

Quel type de management de la performance ?

PARTIE III

Optimiser les relations internes

1

De l'entreprise au réseau

« L'entreprise est une unité économique, juridiquement autonome, organisée pour produire des biens ou des services pour le marché. »
Larousse

« Un réseau est un ensemble d'objets ou de personnes connectés ou maintenus en liaison, et se désigne par l'ensemble des liaisons ainsi établies. Un réseau est plus souvent désigné par la nature et le nombre de ses liaisons que par la nature des objets qui le composent. (…). Les structures en réseau se distinguent des structures hiérarchiques. Elles sont généralement plus horizontales que verticales. Les liaisons entre les parties sont souples. »
Wikipedia

Il est désormais évident que les entreprises, et surtout les salariés, doivent intégrer le changement comme une des rares données stables actuelles. De plus, les changements qui touchent les organisations sont de plus en plus rapides, violents et nombreux.

– *Rapidité* : il s'agit du temps qui s'écoule entre la décision et l'action. Les entreprises doivent développer une réelle capacité d'adaptation, leur permettant de muer en un temps court. Là où certains changements pouvaient prendre quelques années encore récemment, la nouvelle échelle de valeur se compte désormais en mois... Bien sûr cette rapidité n'est pas sans effet sur les employés qui sont de plus en plus chahutés par ces modifications. Le temps d'intégration (à savoir réalisation, acceptation et action) est lui aussi écourté. Ce qui nous amène à la seconde composante.

— *Violence* : par violence nous entendons la brutalité dans laquelle se font les changements. Cette brutalité se caractérise par une communication réduite et directe, un délai d'adaptation court et une exigence de résultat forte. Ce contexte crée du stress et provoque des dégâts humains importants – tant directs (départs, licenciements, chômage) qu'indirects (santé, ...).

En outre, la *fréquence* des changements augmente. Il ne s'agit plus de changer et de stabiliser, mais de mettre en place un système d'adaptation permanente. Le changement devient une constante et non plus un événement exceptionnel. Là encore son double impact sur l'individu et sur l'organisation doit être intégré par le DRH.

Or ces changements s'opposent à notre culture de la stabilité où le mouvement a souvent été perçu négativement. Depuis notre plus tendre enfance nous avons été éduqués autour du concept de stabilité et nous avons appris à maîtriser des données techniques plus que des comportements d'adaptation. Cette nouvelle donne requiert donc de nouvelles compétences et attitudes ainsi qu'une vision plus holistique des problèmes quotidiens qui intègre :

– la vision et sa transmission : plus l'environnement est instable plus le *besoin de vision* et de communication est fort ;

– la notion de temps et de rythme : évaluer l'impact des évolutions sur la performance à court terme et à moyen terme ;

– l'action et la réflexion qui permettent l'alternance entre tactique et stratégie ;

– l'humanisme qui permet de gérer avec éthique l'impact humain du changement ;

– l'anticipation et la réaction.

L'illusion collective
de la conduite du changement

La conduite du changement fait le bonheur de nombreux consultants. Mais le problème est ailleurs. Il ne s'agit pas d'apprendre à conduire le changement mais plus d'apprendre à être le changement ! Plutôt qu'une attitude distante et technique il est indispensable d'apprendre à vivre le changement comme une composante stable de notre nouvel environnement. Il faudrait donc éliminer le mot « changement » pour le remplacer par « évolution permanente ».

Dans ce contexte le DRH doit être en *avant-garde*, à la fois présent dans le business mais aussi projeté vers le futur. De par sa fonction « ouverte » (par opposition à des fonctions fermées) sur des aspects techniques (la production, la recherche, la vente) il contribue à une meilleure anticipation des évolutions à venir.

Il est aussi le garant de la gestion des crises – collectives ou individuelles – créées par les turbulences induites par les évolutions. Il ne s'agit alors pas d'éviter les crises mais de les anticiper – voire de les provoquer…

Mais il serait illusoire de nier que ce mouvement perpétuel de remise en cause reste sans effet sur les femmes et les hommes de l'entreprise. Le changement fait des *dégâts humains*. Le rôle du DRH est de gérer au mieux ces situations avant tout individuelles. Il se doit de :

— les limiter ;

— les anticiper ;

— les traiter.

La pire des choses serait de nier ces conséquences, de les cacher jusqu'au moment où elles surgissent. Au contraire, le DRH en garant de la « vérité » – parfois dure à dire mais souvent indispensable ! – doit « attraper le taureau par les cornes » ! Mieux vaut un discours direct que la création de faux espoirs.

Il faut aussi éviter la communication « langue de bois » ou le « organisationnellement correct » systématique. Une communication directe, franche évite les malentendus, souvent sources de conflits. À ce titre, la maîtrise d'une nouvelle forme de *communication interne* est indispensable. Et l'intégration de la communication interne au sein de la fonction RH s'avère une évolution intéressante et probablement de plus en plus nécessaire.

Une fois l'entreprise engagée dans cette révolution permanente (au sens « astronomique » du terme) le manager est en première ligne : il doit à la fois changer lui-même et faire changer les équipes dont il a la charge. Dur métier ! L'intervention du DRH en tant que « *sparring-partner* » et pompier sera grandement utile, préparant le manager à affronter les situations de crise, l'aidant à prendre du recul et lui fournissant un recours lors des situations les plus complexes.

Le DRH a donc aussi pour mission de rassurer… La peur, source de conflits, est souvent liée au manque d'information, aux faux espoirs ou au manque de clarté. Le DRH doit éclairer un avenir souvent incertain, non pas en le travestissant mais en pilotant une communication qui sera de plus en plus directe, régulière et franche.

En dernier lieu, la mission la plus importante sera de préparer une culture de l'évolution permanente : informer, former et préparer. C'est un travail de fond et de longue haleine. L'objectif n'est plus de réfléchir à telle ou telle évolution mais bien d'intégrer cette notion de mobilité intellectuelle et opérationnelle dans le fonctionnement même de l'entreprise – au plus profond de ses gènes. Informer – vraiment – les salariés, les préparer aux situations de transformation, les armer à titre personnel pour assumer les conséquences de ces changements sont autant de responsabilités nouvelles du DRH.

105

Repousser les barrières
et assouplir les esprits !

Comment s'y prendre ? Comment transformer des années d'expérience et d'éducation qui ont valorisé la stabilité ? Comment éviter la peur alors que toutes les raisons objectives sont réunies pour avoir peur ? Essayons de donner quelques éléments de réponse.

- *Définir le changement* : cela peut paraître simple mais il y a une différence fondamentale entre mouvement et changement. Le changement consiste à aller d'une situation connue A à un objectif fixé B, et donc d'engager des modifications profondes (culture, mode de fonctionnement, valeurs, produits, …). Le mouvement est lui limité à des évolutions mineures sans impact sur le fonctionnement même de l'organisation. Le changement est piloté par une vision et une nécessité à long terme, le mouvement est une adaptation à court terme. Avec le mouvement on soigne les symptômes et non la maladie…

- Faire la différence entre *changement anticipé et changement forcé* (réaction). Plus l'évolution a été préparée, moins elle fera de dégâts. L'évolution dans l'urgence est à la fois fréquente et risquée.

- *Agir ou discuter* : le changement se fait souvent sous la pression. À partir de là, l'action doit prédominer sur la discussion autour du « faut-il changer ? ». Se concentrer sur l'action évite des incertitudes et des espaces de « drôle de guerre » où tout le monde attend.

- *S'engager* : il faut d'abord mesurer la différence entre avantages pour l'organisation et inconvénients pour les employés ou risques et opportunités. À partir de là, la réussite passera par l'engagement. Celui-ci ne pourra être possible que par une prise de conscience individuelle et non collective.

- La communication « pipeau » du genre « On doit changer pour le futur de notre organisation » n'a aucun intérêt et peut s'avérer dangereuse. N'ayez pas peur d'utiliser des votes internes (par exemple Air France en 1997) ou de solliciter les employés.

- *Utiliser les conflits* : sortir de sa zone de confort n'est ni naturel ni facile. Dans ce cas, la résistance est normale de même que le conflit. Le DRH ne doit pas chercher à éviter ce dernier mais le préparer, l'anticiper et le gérer. Tout conflit connaît une fin, c'est une règle immuable. Et lorsque le conflit se termine il faut retravailler ensemble. Donc autant se préparer aussi à ce redémarrage ! Le plus important est de gérer la sortie de conflit.

- Ne pas « communiquer » mais *échanger, rencontrer, confronter*. Il faut donner du cœur à la communication et ne pas utiliser les moyens classiques ou les médias officiels de l'entreprise. L'échange doit être direct avec le moins d'interface possible.

Synthèse

Les quelques schémas à venir synthétisent les propos précédents et offrent quelques concepts méthodologiques.

Les objectifs de changement dans la vie de l'entreprise

Ils sont variables en fonction de la position de l'organisation sur sa propre courbe de vie.

Gestion de la courbe de vie de l'entreprise

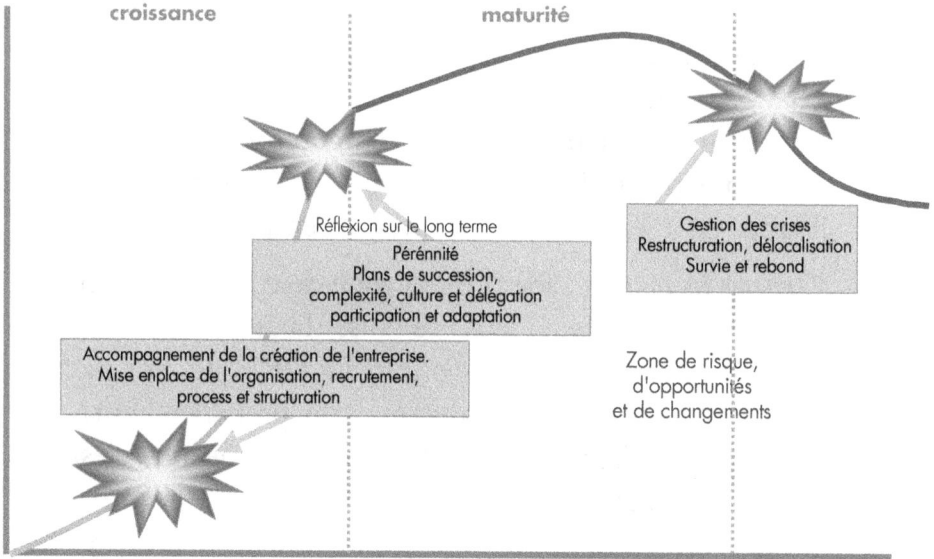

croissance   maturité

Réflexion sur le long terme

Pérénnité
Plans de succession,
complexité, culture et délégation
participation et adaptation

Gestion des crises
Restructuration, délocalisation
Survie et rebond

Accompagnement de la création de l'entreprise.
Mise enplace de l'organisation, recrutement,
process et structuration

Zone de risque,
d'opportunités
et de changements

Courbe de vie et zones de risques

- *L'accompagnement de la croissance* : besoin de process, formalisation de la culture, professionnalisation du management, définition de l'organisation et préparation des futures étapes. Action à court terme et prospective doivent être combinées. L'esprit d'entreprise est à favoriser ainsi que l'autonomie, l'initiative et la prise de risque.

- *Le stade de la pérennisation* : consolidation, ouverture sur l'extérieur, apport de nouvelles compétences, mise en place des plans de succession, pérennisation de l'organisation plutôt que des personnes, adaptation du style de management, mise en place d'outils. Dans ce contexte il faut mettre en avant la coordination et la consistance.

— *La gestion de crise* : les zones de risques sont présentes tout au long de la vie de l'entreprise. Cependant sur le schéma ci-dessus nous avons focalisé sur les risques liés à une situation pérenne, à savoir la non-remise en cause, l'enfermement et la myopie organisationnelle. Dans ce contexte la DRH peut être amenée à gérer des changements liés à un contexte difficile, et dans l'urgence.

Le DRH se doit de ne pas céder aux solutions faciles et efficaces à court terme mais risquées à moyen terme (fermeture d'activité de recherche, plans sociaux avec départ de compétences clés, …).

Les phases du changement

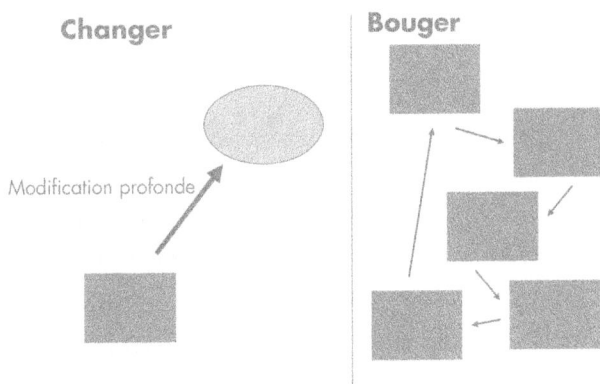

Changer ou bouger ?

Le changement suppose donc une approche beaucoup plus profonde que le mouvement. Alors que le mouve-

ment est une caractéristique que l'organisation peut
« apprendre » sans se remettre en cause, le changement
est un processus complexe qui amène cette dernière à se
reconsidérer et se remettre en cause pour atteindre un
nouveau stade de développement.

Le schéma ci-dessous – inspiré des recherches du *Docteur
Klubler Ross* – reprend les diverses phases du changement et décrit les différents sentiments par lesquels
toute personne engagée dans un processus de changement va passer.

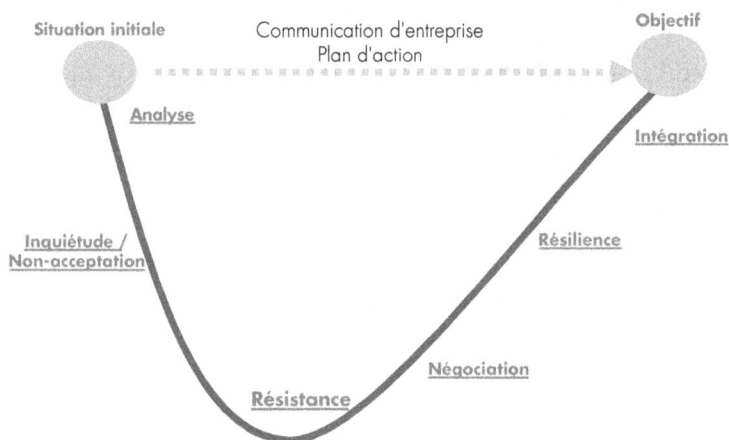

Les différentes phases du changement

– *Analyse* : cette phase est plutôt introspective. Elle
permet d'analyser la communication et de mesurer
les enjeux, risques et opportunités pour MOI. C'est
dans cette phase que se construit l'anxiété ou la résilience, l'acceptation ou la résistance.

– *Inquiétude/non-acceptation* : à ce niveau si des risques
ou des contraintes sont fortement perçus je rentre en
phase de non-acceptation. Ceci se traduit par la

recherche de responsables extérieurs, de bonnes raisons de ne pas changer ou par une attitude du type : « Les autres doivent changer. »

— *Résistance* : il s'agit de la mise en place d'actions individuelles de résistance qui peuvent prendre des formes variées, allant de l'action individuelle à l'action collective, et de l'action « visible » à l'action « invisible ».

Le schéma ci-dessous résume les différents types de résistance qu'un DRH peut être amené à traiter.

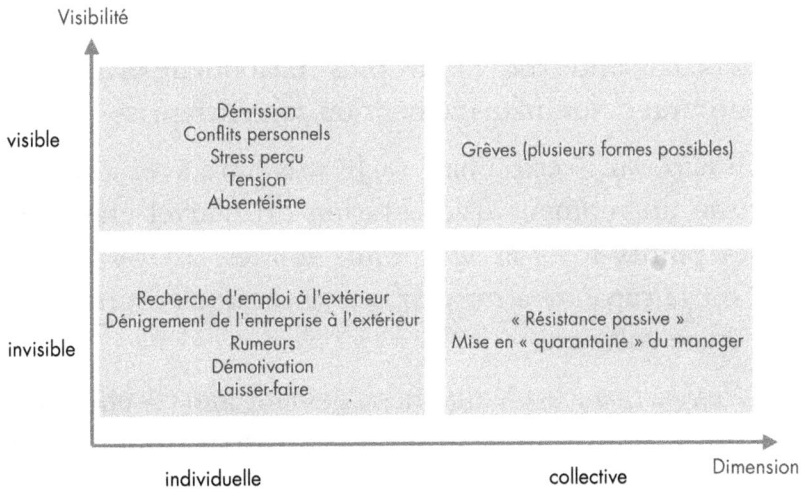

Les formes de résistance au changement

La résistance peut donc prendre des formes très variées. La plus connue étant la grève, qui reste aussi probablement la plus facile à traiter car elle est visible et exprime clairement un sentiment de défiance mais aussi une volonté de discussion. Les formes plus discrètes sont elles plus complexes et surtout plus difficiles à régler. Elles impactent principalement le management direct et lorsque leurs conséquences sur l'organisation deviennent visibles il est parfois trop tard.

Le DRH ne doit donc pas se centrer uniquement sur les résistances collectives et visibles, mais de plus en plus mettre en place des dispositifs permettant d'identifier rapidement les résistances individuelles, soit via le manager soit via les réseaux RH.

— La *négociation* : une fois la phase de résistance/résignation passée, on entre dans une phase de pesée du pour et du contre. La négociation commence avec soi-même – permet de définir ses marges de manœuvre – puis continue de façon plus rationnelle avec son entourage, son management ou son entreprise.

— La *résilience* : cette phase (« Je vais faire avec ») constitue un moment d'acceptation du nouvel état avec ses points forts et ses points faibles. La résilience, c'est la capacité à repartir qui se mesure ensuite dans l'étape suivante.

— L'*intégration* : le changement devient alors « effectif » et réel. Il est intégré et se trouve être désormais l'état « normal » ou « initial » en cas d'arrivée d'un nouveau changement.

Cependant, cette courbe peut varier d'un individu à un autre et adopter des formes différentes, caractérisant chacune un état ou une situation particulière. Les courbes ci-après représentent des cas très différents, qui varient en fonction de l'intensité et de la durée de la crise.

Le cas N°1 se caractérise par une faible intensité de l'état de crise et une durée moyenne de l'état général d'inquiétude liée au changement. Le passage vers les états les plus dangereux se fait de manière plutôt rapide. À l'inverse le retour à une situation de changement accepté est plus lent.

Le cas N°2 représente une situation où la personne plonge très rapidement dans une crise intense. Son retour vers une situation acceptée peut se faire de manière aussi rapide. Dans l'ensemble la durée du cycle est plus courte que la moyenne.

La situation N°3 est plus préoccupante car elle montre un cas où la crise s'installe et dure.

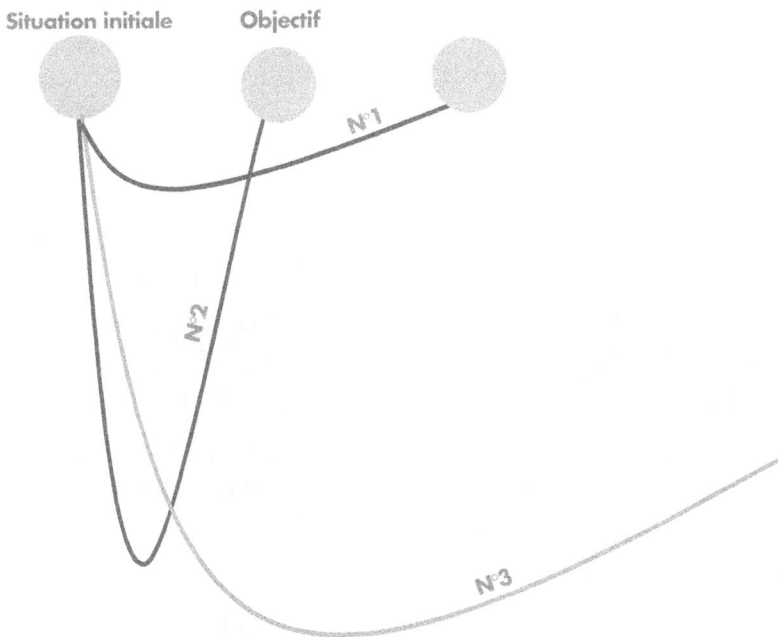

Gérer les phases de crise

Le principe de base est d'aider la transition entre les différentes phases pour éviter le blocage à des niveaux de résistance ou d'inquiétude, souvent synonymes de crise.

Il est important de noter que tout le monde passe par ces différentes phases, la seule variante étant le temps passé dans chacune et la durée globale du processus de passage de l'information à l'acceptation.

La communication et le pilotage du processus doivent prendre en compte ces différentes phases afin d'adapter les messages et les modes d'intervention mais aussi de s'adapter et d'anticiper.

Le DRH est le pivot et le chef d'orchestre qui doit éviter à l'organisation de tomber dans le piège du « On dit, on fait et on a changé » et lui faire prendre conscience de la dimension plus complexe, qui existe aussi au plus haut niveau de l'entreprise.

Le rôle du DRH est d'aider l'organisation à maintenir le cap. Le changement affecte aussi bien les outils, les processus que les individus. Mais dans la quasi-totalité des cas, le changement échoue du fait d'une sous-estimation – ou d'une mésestimation – de la dimension humaine du changement. Le DRH est alors à la fois en première ligne mais doit aussi assumer son rôle de « fou du roi » auprès du comité de direction et des décideurs pour les forcer à intégrer la dimension humaine. Le changement rationnel, mécanique, conduit selon un process clair, n'existe pas. Le DRH doit amener l'organisation à prendre en compte la partie invisible de l'iceberg... celle qui a coulé le Titanic !

Le schéma ci-dessous identifie les différentes phases d'un processus de changement, vu du côté de l'organisation. À chacune de ces phases le rôle du DRH peut varier...

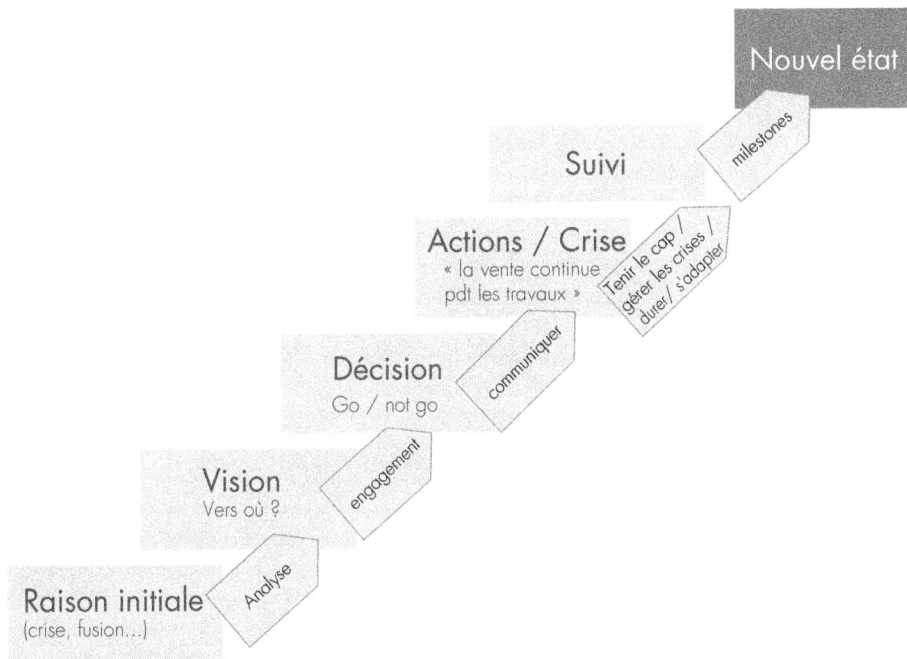

Nouvel état

Suivi

milestones

Actions / Crise
« la vente continue pdt les travaux »

Tenir le cap / gérer les crises / durer / s'adapter

Décision
Go / not go

communiquer

Vision
Vers où ?

engagement

Raison initiale
(crise, fusion...)

Analyse

Le processus de changement

Positionner votre entreprise

Où êtes-vous ? Ce dernier schéma confronte la culture du changement à la culture de la performance. La culture du changement se matérialise par une organisation qui anticipe, s'adapte et se remet en cause en permanence et avec une certaine rapidité. La culture de la performance est plus liée à l'orientation vers des résultats immédiats, souvent financiers et qui ont une part importante dans les valeurs et le mode de management de l'organisation. Il s'agit en fait de confronter court terme et mouvement, stabilité et déplacement, performance et routine.

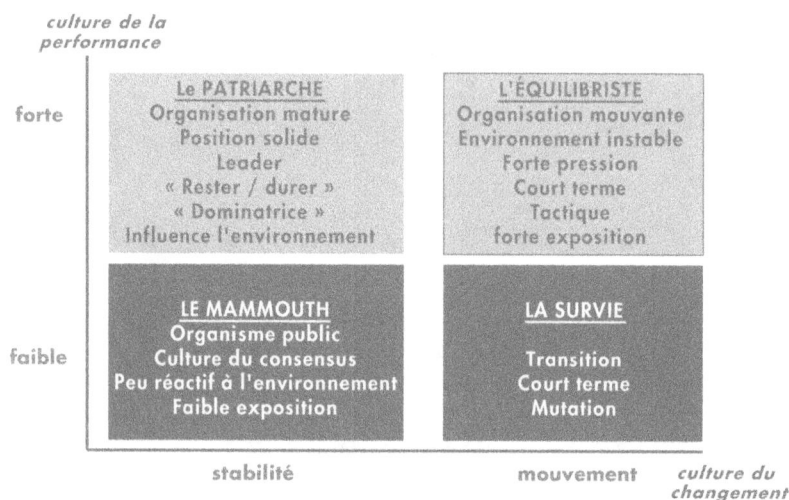

Les organisations face au changement

Quatre familles se distinguent.

Le patriarche

On est dans le cas de figure d'une organisation mature qui dispose d'une position solide sur le marché, d'une forte culture de la performance qui l'a conduite au sommet et qui lui permet d'influencer son environnement. Ce n'est pas forcément l'entreprise qui change mais l'entreprise qui fait changer.

L'entreprise est stable mais doit faire attention à la routine et à la myopie qui l'amène à se centrer sur elle-même, au risque de ne pas voir arriver les crises, liées souvent à des erreurs d'interprétation ou à une surestimation de ses forces.

L'équilibriste

Ici, l'organisation mouvante évolue dans l'instabilité et la performance. C'est une équilibriste toujours sur le fil du rasoir.

Fortement adaptable, elle survit aussi par son orientation court terme. Le risque est de survaloriser le changement et de ne pas assez chercher à stabiliser la situation.

Le mammouth

Insensible au changement, lente et peu mobile, cette organisation n'est pas exposée aux mêmes défis que les entreprises. La notion de performance y est réduite au minimum, voire absente, et l'organisation dispose de nombreuses protections, légales, politiques ou nationales. Elle souffre d'une myopie prononcée liée à un fort sentiment de sécurité associé à une volonté de ne pas voir la réalité en face.

Le risque est limité tant que les protections subsistent. Le changement y est soit impossible, soit lent et « cosmétique » plutôt que profond. Par contre, dès la disparition des barrières, ce type d'organisation risque de se confronter à des changements très douloureux parce que jamais ou peu anticipés. Dans ce cas elle passe dans la dernière catégorie…

La survie

Cette organisation est centrée sur l'urgence, le court terme et favorise le mouvement. Sa culture de la performance reste encore faible puisqu'il s'agit avant tout de s'adapter pour survivre.

117

C'est une phase de transition vers des horizons plus favorables... ou vers la disparition. Le changement est alors un changement de crise, violent et rapide répondant à des critères très court terme.

Vers une culture de l'adaptation constante

Comment faire en sorte que le changement ne soit plus perçu comme une crise mais vécu comme une opportunité ? Ceci est probablement un des grands chantiers et des grands défis des DRH actuels et futurs. Il faut repenser la perception individuelle de l'individu dans l'organisation mais aussi donner les moyens à chacun non pas de changer mais de s'adapter de manière constante.

Le futur mettra ou remettra au centre des préoccupations des DRH des notions telles que l'employabilité, le développement des compétences adaptatives au détriment des compétences techniques ou opératives, et la communication anticipative plutôt que réactive.

L'employabilité

Certes ce concept existe depuis longtemps mais doit être revu pour quitter le domaine « collectif » et entrer dans le domaine individuel. L'entreprise doit donner les moyens à chacun de mesurer son employabilité actuelle et future sur le marché de l'emploi et d'adapter son développement aux exigences économiques. La vraie responsabilité sociale de l'entreprise s'étend désormais hors des limites naturelles de l'entreprise. Par ce type d'action, l'entreprise réduira l'anxiété liée à ses évolutions.

Il ne s'agit plus uniquement de développer les employés pour le bien de l'entreprise mais aussi pour leur permettre de faire face aux risques liés à l'instabilité économique. Cette notion et les actions associées (bilan d'employabilité et non plus de compétences, formation d'anticipation plutôt que de réaction, mobilité accompagnée dans et hors de l'entreprise, etc.) pourraient même à terme faire partie du package offert aux salariés au même titre que la rémunération ou les diverses assurances ou autres avantages en nature.

Le développement des compétences adaptatives

Nous parlons ici de la capacité que doit acquérir l'entreprise à ne plus centrer ses politiques de formation uniquement sur l'opérationnalité immédiate mais aussi sur l'anticipation.

Préparer les compétences de demain devient un défi pour les politiques de formation. Et ce challenge est bien réel dans un environnement où la pression du résultat se fait de plus en plus forte. Combien de DRH se retrouvent face à la question – stupide – de savoir quel est le ROI (*return on investement*) de telle ou telle action de formation ? Soyons clair : ceci est majoritairement impossible car entrer dans ce jeu pousse à limiter l'action de formation au simple stage. Or, la formation est un processus long, complexe et difficilement mesurable.

C'est d'autant plus vrai dans le cas présent : former pour l'avenir c'est aussi faire des paris et prendre des risques. Et pourtant l'entreprise doit s'engager dans cette voix aussi bien pour assumer son rôle d'acteur de l'employabilité que pour préparer ses évolutions futures.

2

Mettre en place
de nouvelles relations sociales

« Ne donner à un être humain que ce dont il a besoin pour vivre,
c'est le considérer comme une bête. »
Shakespeare, *Le Roi Lear*

Quoi de neuf du côté des relations sociales ?

Les changements profonds en matière économique bouleversent le système de relations sociales français. L'ensemble des fondements de notre système social est en train d'être remis en cause.

L'engagement

Le syndicalisme attire de moins en moins et rassemble de moins en moins. Cette tendance ne peut que se renforcer dans les prochaines années sous la double pression de la montée de l'individualisme et le développement d'autres structures de revendication.

D'autre part, la mutation engagée par certaines organisations syndicales reste encore incomprise de la part de leurs adhérents et nous assistons de plus en plus à une fracture temporelle entre l'accompagnement des changements économiques et la défense des intérêts immédiats.

Les syndicats sont confrontés – au même titre que les DRH – à une vraie ambiguïté : accompagner les changements au risque de perdre leurs adhérents qui cherchent des réponses immédiates, ou rester les mêmes au risque d'être dépassés par les changements.

La représentativité

Définition : « *Tout syndicat affilié à une centrale syndicale représentative sur le plan national (CGT, CGT-FO, CFDT, CFTC et CGC) est, de plein droit, considéré comme représentatif dans l'entreprise, quel que soit le nombre de ses adhérents ou le nombre de ses sympathisants dans l'entreprise. Ces centrales peuvent constituer une section syndicale commune à toutes les catégories de personnel, quelle que soit la taille de l'entreprise, désigner un (ou plusieurs) représentant syndical au comité d'entreprise, même si elles n'y ont aucun élu, désigner les candidats du premier tour, désigner les membres du comité de groupe. Pour accéder à ce droit, les autres syndicats doivent faire la preuve de leur représentativité dans l'entreprise en répondant à cinq critères[1] non cumulatifs (arrêt de la Cour de cassation du 5-11-1986) : effectifs (nombre d'adhérents), indépendance (vis-à-vis de l'employeur), cotisations (importance et régularité de leurs versements), expérience et ancienneté, attitude patriotique pendant l'Occupation.* »

---

1. Art. L. 133-2 du code du travail, repris par la loi du 13-11-1982.

Les organisations syndicales sont également piégées par le système social français.

La notion de représentativité empêche l'ouverture du monde syndical et l'accrochage très fort à la fonction publique éloigne les syndicats des réalités économiques. De plus, la puissance des syndicats est réelle dans des organisations stables puisque la puissance résulte de la maîtrise de structures de représentativité comme les comités d'entreprises. Or, la mobilité croissante des salariés rend la « capture » de nouveaux membres de plus en plus difficile.

Les messages et les méthodes

Enfin, les notions d'acquis sociaux et le centrage franco-français provoquent une incapacité à la remise en cause. Le discours électoral syndical ne peut intégrer la réalité économique parce l'intégration des nouveaux concepts engendrerait une crise plus profonde encore que l'actuelle. Donc, le seul message qui reste est souvent : « Ne changeons pas ! » ou bien « Que les autres changent… Mais pas moi ».

Le conflit social comme mode de négociation a aussi atteint ses limites. En effet, pendant de nombreuses années la réponse au conflit social ne pouvait être QUE la négociation. Désormais, l'éclatement des frontières, l'assouplissement des règles liées à la mobilité et les nouvelles technologies ont donné aux entreprises les moyens de contourner le risque de conflit social par la non-présence sur le territoire français ou la mise en place d'organisations de petites tailles fonctionnant en réseau et échappant au droit syndical.

L'inquiétude est certes réelle et les raisons d'être soucieux probablement justifiées. Cependant, en ne maniant que l'arme de la grève ou du conflit social les syndicats français sont en passe de se tirer une balle dans le pied.

Le conflit social a été une arme efficace pendant de nombreuses années, notamment par sa capacité à forcer l'entreprise à négocier ou à médiatiser les revendications. Désormais le rapport de force est tout autre dans de nombreuses entreprises.

Et la grève, quant à elle, n'est plus qu'un frein à un processus, et de moins en moins un moyen de remettre en cause le processus lui-même. Pire encore, elle devient un justificatif pour accélérer les processus combattus et débouche de ce fait sur un résultat inverse à celui visé.

Les conséquences

– *Des attentes de moins en moins « convergentes »* : pour rassembler le plus de salariés possible, le syndicat doit désormais simplifier son discours afin de fédérer des intérêts individuels souvent très divergents. C'est la politique déjà abordée du plus petit dénominateur commun qui se résume souvent par : « Les avantages acquis. » Or la notion d'acquis devient de plus en plus difficile à défendre dans un monde en constante mobilité… où rien n'est plus acquis.

– *Un risque de dépassement par la base* : la bureaucratisation des organisations syndicales laisse la place libre pour de nouvelles organisations, plus mobiles, et à structure floue. L'individu fait donc en général de moins en moins confiance à ces organisations pour le défendre.

Face à des problématiques de plus en plus globales les organisations syndicales restent fondamentalement ancrées dans le paysage national. Le risque de débordement vient aussi des autres pays…

La brutalité des changements crée également un réflexe de « chacun pour soi » et engendre aussi des réactions de plus en plus violentes car désespérées ou non encadrées.

— *Un syndicalisme organisationnellement inadapté au monde actuel* : le monde est mobile, ouvert, global et virtuel. Le syndicalisme français reste cloisonné, figé, fermé et désespérément immobile. Il a tiré pendant longtemps sa force de l'espace de manœuvre que lui a concédé le droit du travail. Cette protection devient désormais plus un fardeau qui l'empêche de mûrir et de faire évoluer sa conception de l'entreprise construite pendant les « trente glorieuses » !

La nouvelle responsabilité sociale du DRH

L'actualité nous donne quotidiennement des exemples qui montrent ô combien les questions sociales sont critiques. Cependant, elles n'ont plus rien à voir avec celles qui nourrissent encore certains discours syndicaux. Loin de s'éloigner de ce sujet, le DRH doit à présent lui donner une nouvelle dimension, en phase avec les attentes individuelles, les exigences économiques et les évolutions du paysage social. En tant que « fou du roi » il est le seul à pouvoir orienter les entreprises dans ce sens. Cela suppose courage, sens de la négociation et force de conviction.

La *nouvelle vision sociale de l'entreprise* doit s'articuler autour des composantes suivantes...

L'employabilité

Déjà évoquée ci-dessus, il s'agit de mettre en place des dispositifs permettant à l'ensemble des salariés de considérer la nécessité de prendre en charge leur propre développement et d'investir dans leurs compétences pour faire face aux évolutions des organisations. C'est principalement d'un processus d'éducation global dont il est question, qui place l'individu au centre des politiques de développement et de formation.

Être « employable » garantit en effet une liberté en cas de crise (restructuration, plan social, licenciement, ...). Aujourd'hui encore trop de personnes laissent ce sujet à la discrétion des entreprises ou de notre système éducatif, alors qu'il s'agit d'une démarche personnelle. Le développement du niveau d'employabilité ne passe plus uniquement par un développement constant des compétences techniques, mais aussi par l'acquisition de compétences comportementales telles que la flexibilité, l'autonomie, la prise de décision ou le management de carrière.

L'entreprise est le terreau de l'employabilité, mais rien ne peut se faire sans une prise de conscience réelle de l'ensemble des acteurs économiques, qui trop souvent dans notre pays pensent qu'une solution « organisationnelle »

126

(lois, contrat, dispositif, …) peut remplacer une impulsion individuelle.

L'éthique

Au-delà des exigences légales, l'éthique doit devenir un sujet clés en matière de relations sociales. Elle se définit comme la mise en place de critères et de règles qui respectent, gèrent les relations entre les individus au sein d'une organisation et déterminent les frontières entre comportements acceptable et non acceptables.

Attention cependant à ne pas « sur-réguler » : une démarche éthique efficace ne passe que par une prise de conscience et une acceptation individuelle des concepts et règles évoqués, et non par une communication super-ficielle et globale. Enfin, la question fondamentale sera de savoir comment associer étique et système de management de la performance.

L'éducation

Le rôle social de l'entreprise ne se limite pas à ses frontières naturelles. L'entreprise – via sa fonction RH – doit prendre un rôle actif dans l'éducation et le système éducatif. Aujourd'hui, le fossé est bien trop important entre le monde académique et le monde économique. Seules les entreprises sont à même de combler ce fossé, avec en première ligne les DRH.

L'intégration

Ce terme est très lié à ceux de l'éducation et de l'employabilité. Il s'agit pour les entreprises de faire des efforts pour faciliter l'accès – ou le maintien – à l'entreprise des plus défavorisés. L'emploi des seniors (qui sont d'ailleurs de moins en moins seniors), l'égalité des chances dans le recrutement ou le développement des compétences des personnes non-qualifiées sont des sujets critiques sur lesquels les entreprises devront agir en profondeur.

Certes, cela requiert du temps et des ressources, mais cela requiert encore plus le soutien actif du management général. Une entreprise efficace est *par nature* une entreprise multiculturelle et multifonctionnelle qui a défini de manière claire son rôle sociétal.

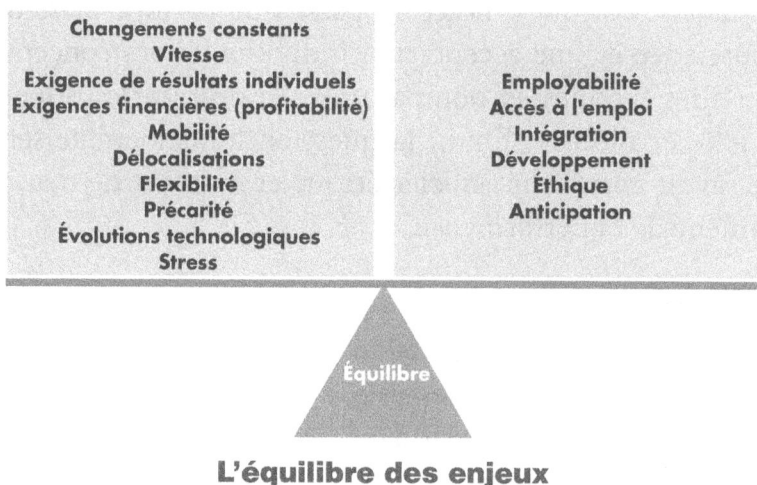

Changements constants	
Vitesse	
Exigence de résultats individuels	**Employabilité**
Exigences financières (profitabilité)	**Accès à l'emploi**
Mobilité	**Intégration**
Délocalisations	**Développement**
Flexibilité	**Éthique**
Précarité	**Anticipation**
Évolutions technologiques	
Stress	

Équilibre

L'équilibre des enjeux

Comme le résume le schéma ci-dessus, le DRH doit tout faire pour contrebalancer les conséquences d'un système de performance de plus en plus exigeant avec des attentes en matière sociale qui évoluent. Il s'agit d'un jeu d'équilibriste qui pourtant est indispensable et repositionne le DRH en tant que responsable d'une nouvelle politique sociale, qui doit donc faire son possible pour :

— adapter l'entreprise aux nouvelles questions sociales, changer les règles du jeu et éduquer l'ensemble de l'organisation. Pour cela il faut :

- amener l'ensemble des salariés à concevoir leur rôle social différemment en prenant en main leur « destin social », au travers d'une plus grande implication dans le management de leur parcours professionnel grâce à la formation et au développement ;

- casser le moule de la communication interne « pravdaisée », véhicule de messages politiquement corrects qui tendent à décrédibiliser la communication dans son ensemble ;

- lutter contre les tabous qui subsistent encore dans certaines entreprises face à des sujets comme la transition de carrière, l'employabilité ou la prise de responsabilité individuelle. Il doit en ce sens lutter contre sa propre organisation RH qui essaie parfois trop de piloter toute forme de développement ;

— revoir la communication sociale en trouvant un juste équilibre entre « relations sociales » officielles et communication directe vers les salariés ;

— affirmer un nouvel engagement des entreprises dans les relations sociales, articulé autour des notions de leadership sociétal, d'éthique et de valeurs d'entreprise.

En guise de conclusion, le schéma ci-dessous tente de résumer les évolutions en cours et essaye de définir le profil des relations sociales futures.

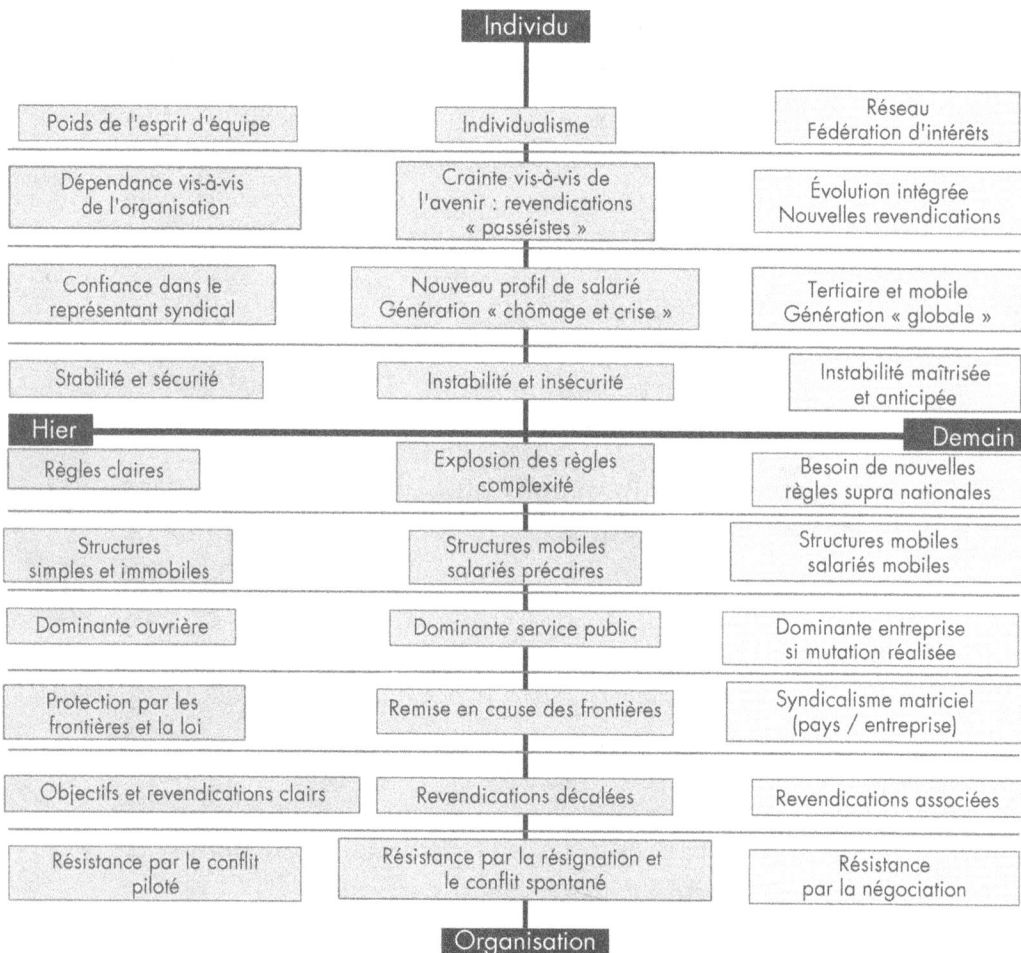

	Individu	
Poids de l'esprit d'équipe	Individualisme	Réseau Fédération d'intérêts
Dépendance vis-à-vis de l'organisation	Crainte vis-à-vis de l'avenir : revendications « passéistes »	Évolution intégrée Nouvelles revendications
Confiance dans le représentant syndical	Nouveau profil de salarié Génération « chômage et crise »	Tertiaire et mobile Génération « globale »
Stabilité et sécurité	Instabilité et insécurité	Instabilité maîtrisée et anticipée
Hier		**Demain**
Règles claires	Explosion des règles complexité	Besoin de nouvelles règles supra nationales
Structures simples et immobiles	Structures mobiles salariés précaires	Structures mobiles salariés mobiles
Dominante ouvrière	Dominante service public	Dominante entreprise si mutation réalisée
Protection par les frontières et la loi	Remise en cause des frontières	Syndicalisme matriciel (pays / entreprise)
Objectifs et revendications clairs	Revendications décalées	Revendications associées
Résistance par le conflit piloté	Résistance par la résignation et le conflit spontané	Résistance par la négociation
	Organisation	

Le futur des relations sociales

3

Assurer le multiculturalisme

Effet de mode ou réalité ?

De plus en plus d'entreprises sont confrontées à des problématiques liées à la globalisation et l'internationalisation de la conduite des affaires. Il convient tout d'abord de bien différencier ces deux termes :

- La *globalisation* : il s'agit d'une vision globale des problèmes et des enjeux qui n'est plus limitée à une région ou un site mais où toute décision locale peut avoir un impact sur un fonctionnement général. En terme de RH, un des exemples les plus frappants est la globalisation du recrutement, ou celle – future – des questions de législation sociale. Un autre exemple qui touche de près les RH est la globalisation de la production ou de la recherche avec les conséquences que cela peut entraîner en terme de délocalisation.

- L'*internationalisation* : c'est une des réponses à la globalisation et au nouveau mode de fonctionnement et d'organisation imposé par ce nouvel environnement. Il s'agit d'internationaliser le mode de fonctionnement de l'entreprise, avec un premier passage obligatoire qui passe par l'internationalisation des méthodes de travail, d'organisation et de gestion, puis par celle des équipes et enfin par l'internationalisation de la culture...

La conjonction de ces deux tendances contribue à rendre les organisations de plus en plus complexes. Elle renforce également les problématiques culturelles et peut contribuer à transformer le DRH en « chef d'orchestre » de la multiculturalité.

Les niveaux d'exposition

Tôt ou tard votre entreprise sera confrontée à ce défi – si ce n'est déjà fait. La question est de savoir à quel moment ce nouveau contexte touchera les employés de l'entreprise, et comment anticiper ce qui pourrait être un choc.

Les conséquences de ce croisement de la globalisation et de l'internationalisation peuvent être multiples et prendre plusieurs formes...

Niveau 1 : la connaissance

L'entreprise n'est ni internationale dans son mode de fonctionnement, ni globale dans son organisation. Elle reste positionnée sur son marché local. Cependant, la veille concurrentielle doit constamment prendre en compte le risque d'arrivée de concurrents locaux mais aussi internationaux. Les salariés ne sont pas directement impactés.

Niveau 2 : l'ouverture

La clientèle et la concurrence s'internationalisent : la pression est mise sur les fonctions orientées « client » (DG + marketing et vente principalement). L'entreprise a besoin de personnes à l'aise dans un fonctionnement global, maîtrisant les langues étrangères (au moins deux) et habituées à la relation commerciale ou à l'action marketing internationale.

Niveau 3 : le fédéralisme

L'organisation de l'entreprise s'internationalise (implantations internationales) : ce schéma est encore classique. Il expose quelques fonctions à l'internationalisation et exige de certains managers une capacité à gérer ce fédéralisme. Cependant la mobilité accrue des organisations peut amener l'entreprise à adapter sa structure en fonction de critères de coût, de compétences ou de risques et ainsi délocaliser certaines activités.

Niveau 4 : l'intégration

Les équipes s'internationalisent. Il n'y a plus de « nation dominante » dans l'entreprise. Le management doit alors maîtriser le management direct interculturel. La maîtrise linguistique est complète (bilinguisme = aptitude à être aussi efficace dans la langue apprise que dans la langue maternelle), et l'équipe doit aussi fonctionner sur de nouvelles bases (écoute, compréhension, gestion des différences).

Dans la plupat des cas l'anglais devient la langue de travail et d'échange, souvent doublée par la langue d'origine de l'entreprise (allemand pour une entreprise allemande, italien …) et la langue locale.

Que faire ? Le rôle du DRH est d'analyser à quel niveau se trouve l'entreprise et de voir en quoi la politique RH peut aider les salariés exposés à faire face à cette dimension multiculturelle. Plusieurs niveaux d'actions sont alors possibles.

1. Pour contribuer à l'internationalisation de l'entreprise

– Recruter : le recrutement se globalise. Lors du premier jour d'ouverture du site de e-recrutement de notre entreprise, nous avons reçu des CVs de plus de cinquante pays dont le Guatemala ou l'Angola ! La dimension internationale doit désormais être de plus en plus intégrée dans les critères de recrutement (maîtrise des langues, exposition à d'autres cultures, expériences à l'étranger …).

– Développer la culture internationale : au préalable il faut noter qu'une formation ne portera ses fruits que si les personnes formées sont amenées à pratiquer ; rien ne sert donc de former des cohortes de salariés à l'anglais s'ils ne l'utilisent pas… Par contre, favoriser les déplacements à l'étranger, mettre en place des structures projets multinationales, proposer des programmes de compréhension des différences culturelles sont autant de moyens d'éduquer votre organisation à penser différemment.

– Il s'agit aussi de lutter contre « la peur de l'autre » et les *a priori* souvent liés au manque d'information.

2. Pour jouer sur la culture, les valeurs et les compétences clés

– Anticiper les effets de la globalisation : *via* une politique de communication adaptée interne et mesurer les effets sur le climat social.

– Préparer la fonction RH à ces défis en internationalisant la fonction.

– Développer de nouvelles compétences, telles que le fonctionnement en réseau, le management cross-culturel ou le management à distance.

– Mettre en place de nouvelles mesures de performance en lien avec ce besoin d'internationalisation.

4

Changer la relation managériale

« Management : activité visant à obtenir des hommes et des femmes
un résultat collectif, en leur donnant un but commun, des valeurs
communes, une organisation convenable et la formation nécessaire pour
qu'ils soient performants et puissent s'adapter au changement. »
P. Drucker, 1988

Comprendre le fonctionnement d'une équipe

En premier lieu il est important de répondre aux questions suivantes : **comment fonctionne une équipe, qu'est-ce qui la fait avancer, réagir, réussir ou échouer ? En quoi une équipe est-elle différente d'une autre ?** Par ces réponses nous allons essayer de déterminer en quoi le rôle du manager a évolué au cours de ces dernières années et en quoi chaque membre de l'équipe voit sa relation avec le manager et l'entreprise changée.

Les variables qui peuvent nous permettre de mener cette analyse sont au nombre de quatre.

© Groupe Eyrolles

137

Relation aux résultats GARANT	Relation aux autres FACILITATEUR
Relation au temps VISION ET ACTION	Relation aux autres PONT

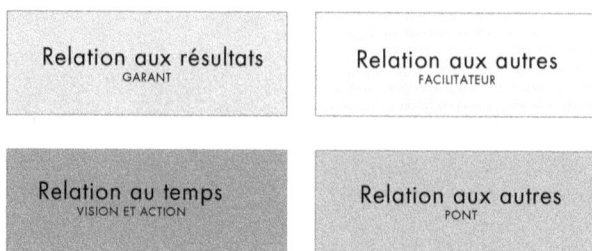

Les 4 dimensions du management

1. La relation de l'équipe aux résultats

Il s'agit de voir comment l'équipe manage sa performance, comment elle l'évalue, la construit et la corrige. Certaines équipes (par exemple les équipes de vente) ont une relation quasi fusionnelle avec le système de performance qui est un des éléments constitutifs de leur culture.

Il s'agit de mettre en avant la compétition, la réussite, le combat, le dépassement. Le système de reconnaissance est également très lié à ce système de performance et se « limite » souvent à une reconnaissance financière.

Au-delà de cela, la notion même de résultats crée un esprit d'équipe, mélange d'individualisme et d'esprit de clan, voire de caste.

D'autres équipes sont plus éloignées de ce système et ont construit une relation aux résultats complètement différente, basée soit sur le respect de process, l'innovation ou d'autres aspects plus qualitatifs.

2. La relation aux autres

Comment l'équipe se comporte-t-elle dans sa relation aux autres équipes de l'entreprise ? Est-elle proche (besoin de coopération) ou isolée, se trouve-t-elle dans un mode coopératif ou de contrôle (audit) et dans quelle mesure a-t-elle besoin des autres pour atteindre son résultat (dépendance) ?

3. La relation à l'entreprise

Il s'agit là de savoir si l'équipe se sent liée à l'entreprise, ou fonctionne en autonomie par rapport aux stratégies globales.

Certaines équipes peuvent fonctionner indépendamment de leur relation à l'entreprise, d'autres sont directement impactées par des décisions stratégiques.

4. La relation au temps

Dans quel cadre temporel s'inscrit l'action de l'équipe : court terme, moyen terme ou long terme ? Comment ces trois notions sont-elles définies par l'équipe ?

Par exemple dans une équipe de vente le court terme est souvent défini comme l'immédiat, le moyen terme le mois et le long terme l'année. Dans une équipe de R & D d'une entreprise pharmaceutique (cycle de développement de produits très long), l'année s'apparente au court terme, trois ans pour le moyen terme et dix ans pour le long terme.

Cette relation au temps a une conséquence directe sur la façon dont l'équipe « comprend » son système de performance et construit sa relation aux autres.

Un nouvel équilibre des forces

La culture d'entreprise dominée par l'expertise avait fait du DRH/directeur du personnel un expert de la relation humaine, au même titre que le directeur financier était considéré comme l'expert des « chiffres », celui des ventes comme l'expert du client ou le directeur général l'expert de tout… Les cartes ont été redistribuées depuis puisque nous sommes passés en quelques dizaines d'années d'un système paternaliste à un système de plus en plus déshumanisé. Cependant, le besoin de relation humaine reste identique, même si sa nature a évolué.

Le « chef » qui dirige tend à disparaître, remplacé par le leader qui motive, développe, gère, contrôle, et obtient des résultats. Son rôle a donc complètement changé. Le « chef » disposait d'une autorité liée à son statut. Le manager actuel doit construire et entretenir son autorité sur des concepts beaucoup plus complexes (crédibilité, capacité à conduire, à négocier, à influencer, marketing personnel, …). La structure matricielle de plus en plus d'actualité dans nos entreprises a aussi accouché de nouveaux profils managériaux tels que le chef de projet, manager indirect et sans relation de « pouvoir » direct.

Le « chef » courroie de transmission de la direction générale a vécu. Le manager, leader, se retrouve aussi face à de nouvelles attentes et comportements de son équipe et — de ce fait — le « cadre », statut tellement prisé durant des décennies, n'existe plus.

L'entreprise demande de plus en plus à ses managers. Généraliste et expert à la fois, gestionnaire de première ligne des conséquences du changement, expert en mobilité et flexibilité avec une reconnaissance sociale en baisse, un nouveau rapport à l'autorité et une perte de références acquises par l'éducation, le « cadre » d'aujourd'hui se retrouve donc dans des situations complexes et stressantes. Et comme tout stress mal géré, cette pression induit des risques qui sont les suivants :

— le *désengagement* : le manager se réfugie dans son expertise technique et ne manage plus. L'équipe est laissée à elle-même. Ce cas est fréquent lorsque la responsabilité managériale a été confiée sur la vue de performances techniques et non de potentiels de comportements managériaux ;

— le *décalage et l'incompréhension* : le manager est mis dans une situation de relais non autonome. Il ne trouve pas son espace de responsabilité, coincé entre les attentes de son propre manager et les réalités opérationnelles ;

— les *comportements déviants* (dont la forme la plus extrême est le harcèlement professionnel) : le manager se comporte en dictateur, isolé, sans écoute et considération pour son équipe. Sans aller jusqu'aux cas extrêmes, ces comportements se retrouvent de plus en plus fréquemment et traduisent un réel malaise.

Pour bien prendre en compte son rôle, le manager doit appuyer son action quotidienne sur quatre piliers :

— la *relation à l'équipe* : le temps passé à animer l'équipe, la développer, la construire ou la contrôler ;

141

— la *relation avec son management* : le temps passé à faire remonter de l'information, discuter de la stratégie et des plans d'action et assurer le lien avec l'organisation ;

— la *mise en œuvre de son expertise* : le temps passé à agir non pas en tant que manager, mais en tant que membre de l'équipe (par exemple : le chef de vente qui rencontre un client). Il s'agit de situations d'appui, de « coups de feu » ou de démonstrations ;

— la *participation à d'autres activités ou projets* : le temps passé hors de la structure qui peut être assimilé à du temps consacré au développement mais également à la construction d'un réseau professionnel, le benchmarking et toute action qui permette de ne pas avoir uniquement « la tête dans le guidon ». Ce temps favorise aussi l'acquisition du recul et de l'ouverture nécessaires à son action de management quotidien.

Relation avec l'Équipe	Relation avec le MANAGEMENT de l'entreprise
Dans ce cas le manager est en contact avec son équipe, qu'il anime, encadre, contrôle et développe. Ce temps passé est le temps de « management » soit individuel, soit collectif	Il s'agit du temps passé avec le manager N+2 (manager du manager) voire des niveaux supérieurs. Ce temps peut être qualifié de temps de « contrôle / reporting ».
Mise en œuvre de son EXPERTISE	Autres activités
Dans ce cadre, le manager agit en tant que membre de l'équipe, et non plus en manager. Il est un expert parmi d'autres.	L'ensemble des autres activités du manager (formation, participation à des projets, actions diverses non directement liées à la mission de l'équipe).

Rôles et responsabilités du manager

Chacun de ces quatre éléments est constitutif de sa crédibilité et de son autorité. Par contre, tout déséquilibre peut mettre le manager en situation difficile, voire d'échec. Les trois déséquilibres principaux observés sont les suivants :

— *trop d'expertise* : la pression croissante sur les résultats et sur les coûts amène le manager à passer plus de temps à mettre en œuvre son expertise qu'à manager son équipe (« Je n'ai pas le temps... »). En se positionnant de la sorte le manager CROIT apporter une valeur ajoutée plus immédiate. Si cela peut être vrai sur le court terme, dans le long terme il n'en est rien. Le manager s'éloigne de sa mission première qui est de gérer son équipe. Il perd peu à peu la distance nécessaire au rôle de management. Cette situation traduit aussi une peur du manager qui ne veut pas se détacher de son expertise qu'il considère comme sa seule façon d'affirmer son autorité ;

— *trop de tâches annexes* : la complexité croissante des organisations a également un impact sur le temps passé à « travailler sur d'autres sujets » (réunions projets, commissions, groupe de travail, ...). Si l'ensemble de ces actions peut s'avérer indispensable, il est cependant important de faire attention à leur multiplication incontrôlée qui nuirait au bon fonctionnement de l'organisation ;

— *trop de relation avec le manager N + 1* : le manager passe la majorité de son temps en *reporting* ou en réunion avec son propre manager. Cette situation peut traduire le fait que le manager N + 2 « micro manage », c'est-à-dire concentre son attention sur les détails plutôt que de veiller à l'atteinte des objectifs. D'autres facteurs peuvent expliquer cette situation :

- l'organisation est complexe et demande une forte coordination ;

- le manager N + 2 est nouveau dans la fonction et a besoin d'un appui limité dans le temps ;

- le manager est sollicité en tant qu'expert par le manager N + 2 ;

- le manager ne permet pas l'accès à son équipe et assure une protection par rapport au manager N + 2 ;

- le manager est engagé dans un processus de changement qui nécessite de la négociation.

En conclusion, le manager se retrouve au centre de cette relation au temps, aux autres, à l'entreprise et aux résultats. Il doit assurer un bon mix entre ces quatre variables et faire en sorte qu'elles communiquent bien entre elles et soient cohérentes. Le manager est donc un *hub*, similaire à un *hub* d'aéroport, gérant les connexions, facilitant le temps de transit et conduisant les situations qui peuvent s'avérer bloquantes au travers d'une communication régulière, ciblée et différenciée.

Relation aux résultats GARANT	Relation aux autres FACILITATEUR

Le manager assure la performance collective de l'équipe.
Il gère les relations de proximité, assure la cohérence avec les orientations stratégiques de l'organisation et occupe le rôle de gestionnaire des ressources humaines de 1er niveau.

VISION & ACTION Relation aux résultats	PONT Relation à l'entreprise

Le manager intégrateur

Le DRH facilitateur

Dans ce contexte d'exigences accrues vis-à-vis du manager et de pression croissante de l'environnement, le rôle du DRH est d'aider le manager à bâtir une relation avec son équipe qui soit profitable pour l'organisation, valorisante pour le manager et qui crée un environnement favorisant la motivation individuelle et l'émulation collective.

Comme le montre le schéma ci-dessous, le DRH agit en tant que *hub* pour permettre l'anticipation, en diffusant l'information et en appuyant les managers et les employés. Son rôle se centre de plus en plus sur le management et la facilitation de ces relations dans la mesure où l'importance des tâches administratives tend à décroître.

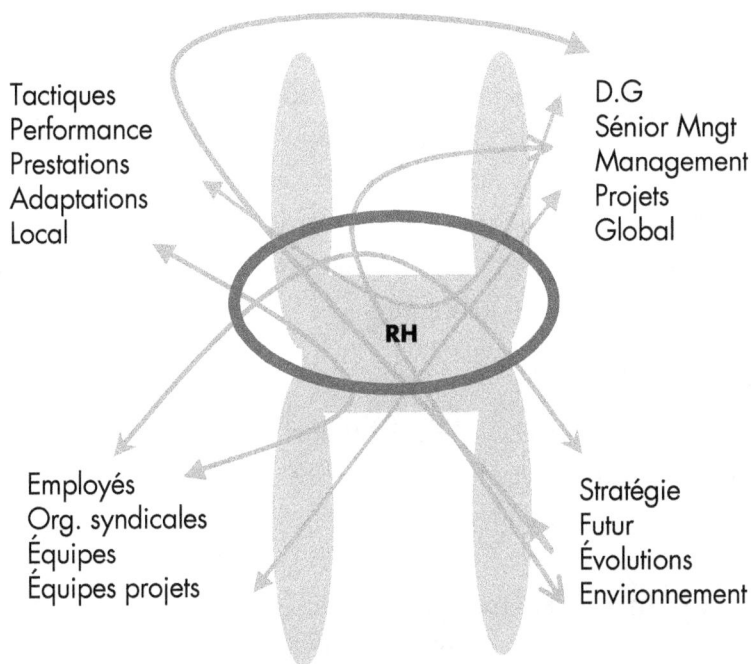

Tactiques
Performance
Prestations
Adaptations
Local

D.G
Sénior Mngt
Management
Projets
Global

RH

Employés
Org. syndicales
Équipes
Équipes projets

Stratégie
Futur
Évolutions
Environnement

Le hub RH : faciliter les connections

Supporter les managers !

Prévenir et soigner le syndrome de l'expert

Et nous voilà face à un des grands problèmes du management aujourd'hui : le syndrome de l'expert.

Les symptômes

Le manager ne manage pas son équipe mais agit en tant que spécialiste, réalisant des tâches similaires à celles des membres de son équipe – il vend, il recherche, il compte – et semble souvent tout faire pour ne pas assumer son rôle de manager. Les raisons sont nombreuses (« Pas le temps », « On a un coup de bourre », « Je dois être au four et au moulin », « Mon boss m'a demandé »), parfois réelles mais souvent fausses.

Quand on lui demande s'il peut manager des personnes plus compétentes que lui, la réponse est au mieux hésitante, au pire complètement négative. Il applique à la relation aux autres des process et des méthodes, cherche la logique et rechigne à communiquer directement. Il craint de déléguer, veut tout contrôler, et gère son équipe par le suivi des tâches.

Les causes

– Le *système éducatif* : l'école favorise depuis toujours le savoir plutôt que le savoir-être. « Manager, ce n'est pas un métier ça ! » Dans notre société cartésienne, le management reste mystérieux parce qu'il confronte l'homme avec ses incohérences, ses doutes, ses attentes et sa logique… si illogique.

146

- Le *système de promotion* : il est souvent construit autour de la notion d'expertise. « C'est un bon vendeur donc ce sera un bon chef des ventes », « Il connaît son boulot, il pourra donc manager les autres », « C'est le plus ancien et celui qui a le plus l'expérience du job, il saura manager... ». Là encore l'entreprise a nié la réalité de la fonction managériale et a promu beaucoup de très bons experts qui sont devenus de piètres managers. Elle a ainsi perdu de l'expertise, gagné des problèmes de management et démotivé des équipes entières !

- La dernière cause est la *culture du commandement* : pour réussir il faut devenir un chef ! La qualité d'une personne se mesure au nombre d'individus qu'elle commande.

Combien d'experts ont voulu être promus juste pour des questions de *reconnaissance* ou de *salaire* ? Et ils ont rejoint le clan des experts déçus, managers tristes qui ne peuvent s'accomplir dans leur nouveau rôle, tout simplement parce qu'ils ne l'aiment PAS ! Et oui, un bon manager AIME son travail et cela est souvent un facteur de réussite important.

Le remède

Le remède absolu n'existe pas. Il faut cependant veiller à considérer le rôle de manager comme un VRAI rôle, avec ses propres contraintes, ses joies, ses valeurs et ses règles.

Support opérationnel et relation client : un mariage impossible ?

L'appui opérationnel aux managers fait depuis bien longtemps partie des missions d'un responsable des ressources humaines. Cependant de nombreux commentaires montrent que cet appui – et la reconnaissance qui lui est naturellement associée – n'est pas encore optimal.

Beaucoup d'entreprises ont donc mis en avant la notion de *client interne*, et la fonction RH ne déroge pas à cette tendance. De nombreuses phrases telles que « *Il faut avoir l'esprit client ! Nous sommes orientés client ! Nos clients sont les employés de l'entreprise ! Nous sommes des business partners ! La fonction RH est proche du business !* » traduisent cette orientation générale. Cependant il convient de s'arrêter quelques instants sur ce concept et de voir en quoi il peut être handicapant ou – au contraire – motivant.

Nous pouvons nous poser la question de savoir qui est le client interne si prisé par les entreprises. La réponse est multiple : la direction générale, le manager, l'ensemble des employés, chaque employé. Nous voyons bien là que la seule liste des clients internes comporte un piège : il est en effet difficile de satisfaire des clients qui peuvent avoir des attentes différentes, voire contradictoires.

Les clients sont soit des « organisations » (l'entreprise, les organisations syndicales), soit des individuels (un manager, un employé). Or la notion de client suppose également que le service/produit proposé soit clairement défini et puisse faire l'objet d'un marketing interne.

La généralisation de cette notion de client interne crée bien des frustrations et engendre des risques :

— le *risque lié à la définition du « service »* : dans la mesure où la fonction est positionnée comme telle, chaque employé s'attend à un service de qualité qu'il/elle va définir en fonction de ses propres attentes. Et c'est à ce niveau que le premier risque apparaît : celui de la non-compréhension mutuelle. Par exemple un salarié qui attend une promotion ou une augmentation et qui ne l'obtient pas, ne sera pas satisfait du service proposé par la DRH. De la même façon, un manager qui attend que le DRH prenne une décision à sa place et qui n'obtient pas son accord verra là aussi un manque de service ;

— le *risque lié à la définition du territoire* : la fonction RH est clairement positionnée en tant que fonction d'entreprise et non en tant que « service social ». Elle doit mettre en place des outils, méthodes et process qui assurent la performance et le développement de l'organisation. Cette fonction peut donc être en contradiction ou opposition avec les attentes des employés. Les exemples sont nombreux : fusion, délocalisation ou réorganisation. Mais au-delà de ces cas extrêmes, le fait que la DRH puisse prendre des décisions contraires à certains intérêts locaux peut contribuer à sa non-reconnaissance ;

— le *risque des faux espoirs*. Il trouve également sa source dans une mauvaise interprétation du rôle de la DRH, perçue dans ce cas comme une fonction « sociale ». Alors le reproche principal de la fonction est « de ne pas comprendre les attentes des employés ». Or dans

149

la plupart des cas les attentes sont comprises mais entrent en conflit avec les objectifs de l'entreprise et la DRH doit composer…

Quels ingrédients pour devenir un « partenaire » efficace ?

Pour être un business partenaire, la fonction RH doit se positionner en partenaire et à ce titre avoir une réelle connaissance du « business ». Derrière cette évidence se cache un des grands points faibles de la fonction.

Un partenaire doit pouvoir être traité d'égal à égal par les fonctions opérationnelles ou la direction générale, dire non et survivre au non. Cette reconnaissance demande du courage mais également une meilleure compréhension de la notion de relation client. Cette relation se construit par l'instauration d'une confiance souvent basée sur une forte culture de la négociation – c'est-à-dire une relation où la capacité à dire « non » est critique. Alors, comment faire ?

Phase 1 : ne pas être un « *yes man* »

Une relation de confiance ne se bâtit pas sur une relation de « maître/esclave ». Donc, une relation client efficace ne se construit pas sur un oui systématique aux exigences des managers. Bien au contraire… Être « orienté client » ne veut pas dire tout accepter, voire accepter tout et n'importe quoi. La capacité à savoir dire « non » définit la capacité à soutenir le business :

— *dire non* : le non traduit la non-acceptation mais aussi la possibilité de proposer une solution alternative. Il s'agit du début d'une négociation. Souvent la capacité à dire non traduit une relation d'égal à d'égal avec le management. L'absence de non est souvent la résultante d'une mauvaise connaissance du business, d'un manque de reconnaissance ou d'une interprétation erronée de la notion d'esprit client.

— *argumenter* : il ne suffit pas de dire non, le plus important est de proposer et soutenir une solution alternative, et d'en négocier la mise en œuvre.

Phase 2 : proposer des solutions alternatives et innovantes

— *implémenter* : une fois la solution proposée, soutenue et négociée vient le temps de la mise en œuvre et de la mesure.

Il ne faut pas se le cacher, dans certaines organisations le « non » peut être synonyme de sanction. Là encore la survie montre la bonne intégration du DRH dans l'équipe opérationnelle. Pour parvenir à cela il faut négocier et c'est ce que nous verrons dans les pages à venir.

Phase 3 : réaliser

Pour s'éloigner de l'image « administrative » qui colle parfois à la fonction RH, celle-ci doit renforcer sa capacité à délivrer, à savoir à mettre en place des actions concrètes, à évaluer leur résultat et à communiquer sur ces actions.

Phase 4 : rapprocher

Comme le montre le schéma ci-dessous le rôle du DRH est de plus en plus d'assurer le lien entre deux mondes qui peuvent avoir plusieurs facettes :

— l'opérationnel et le fonctionnel ;

— le local et le global ;

— l'entreprise et l'individu ;

— l'autonomie et la centralisation.

Si l'équilibre parfait reste impossible, le DRH doit veiller à bien intégrer les différentes dimensions et s'assurer de leur prise en compte dans les plans d'action RH. Une autre façon de faire face à cette ambiguïté est d'organiser la fonction de telle façon qu'elle prenne en compte les deux pôles de la balance.

L'équilibre parfait n'existe pas...

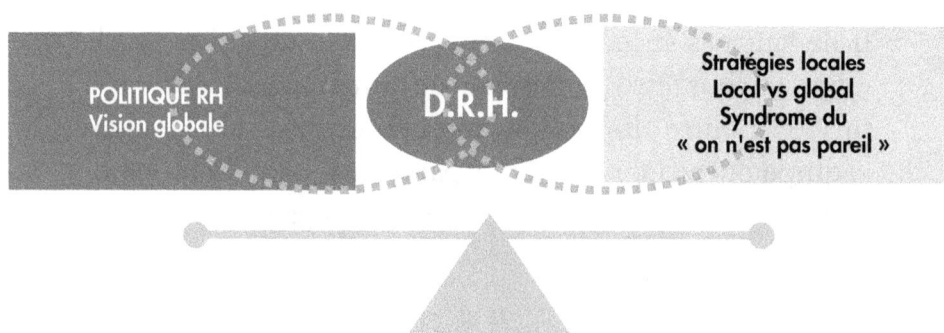

POLITIQUE RH
Vision globale

D.R.H.

Stratégies locales
Local vs global
Syndrome du
« on n'est pas pareil »

Local/Global une autre forme d'équilibre

En conclusion, le DRH est un « pont » qui doit relier deux rives mouvantes entre lesquelles coule une rivière avec un très fort courant...

Son rôle de conseiller opérationnel ne pourra être efficace que si l'entreprise a pris conscience de cette mission, qu'elle a été communiquée (information), vendue (pourquoi est-ce important, quelle valeur ajoutée, qui fait quoi ?) et négociée (les modalités) avec les partenaires opérationnels.

Il s'agit de définir à la fois la marge de manœuvre locale et le type de support que peut apporter un DRH. Il s'agit également de clarifier ces rôles et de ne pas ajouter de confusion à une mission déjà risquée.

Billet d'humeur : décoder le langage du manager

Le DRH est donc tiraillé entre les enjeux stratégiques de sa fonction et le besoin d'apporter un soutien au management.

Lorsque l'on pose la question à un manager, celui-ci ou celle-ci commente souvent l'action des ressources humaines comme :

- utile, indispensable, appropriée (premier niveau de réponse) ;

- parfois un peu lourde, beaucoup trop d'outils (second niveau de réponse... en insistant) ;

- loin des préoccupations du terrain, détachée des réalités opérationnelles, complexe (là, on atteint la vérité).

Il est donc indispensable que le DRH soit à même de comprendre le langage des managers afin de nouer un dialogue constructif, à savoir basé sur la réalité et non l'information perçue. La première étape est ainsi le décodage du message. Décodons en exemple quelques petites phrases :

— sur les réalités opérationnelles : « Tu ne peux pas comprendre mon problème parce que tu n'es pas (au choix) un vendeur, un financier, un chercheur... » Par extension : « Passe ton chemin, tu ne comprends rien au business. »

— « Tu dois être plus à l'écoute de tes clients internes » signifie : il faut me dire OUI et surtout ne pas remettre en cause mon point de vue. Par extension : « obéis ! »

— « Le développement de mon équipe m'importe » : attention requise. À comparer avec les faits.

— « Je n'ai pas de temps à consacrer à mon développement » c'est-à-dire : « Je n'ai pas besoin de me développer. » S'applique souvent à toute phrase débutant par « je n'ai pas le temps... ».

Voici donc quelques pistes. Elles ne sont de loin pas exhaustives mais donnent un aperçu de ce que veut réellement dire un manager. Ceci dit attention ! C'est également vrai pour les DRH et les experts de la fonction RH. Ils tombent souvent dans le piège du jargon technocratique RH, incompréhensible par toute personne autre qu'un professionnel de la fonction.

Au DRH de rendre donc sa communication lisible et compréhensible par toutes et tous !

5

Apprendre le marketing individuel

Que représente-t-il ?

« Le marketing individuel permet à un individu de définir et forma-liser son projet et ses objectifs professionnels en analysant son parcours professionnel, au travers de ses aspirations personnelles, de ses forces et faiblesses et de ses motivations. Il lui permet d'identifier ses zones d'avantages compétitifs et de préparer son argumentation personnelle. »

Pourquoi parler de marketing individuel ici ? Il s'agit d'une nouvelle compétence qui permet à chacun de trouver son chemin dans un contexte de plus en plus flou.

Le rôle du DRH a longtemps été de gérer des carrières. Il sera désormais plus d'aider chaque salarié à bâtir sa stratégie de marketing individuel en utilisant à la fois son éducation, ses expériences, ses réussites et ses échecs, mais également ses capacités de conviction, de *networking* et de communication.

Chaque personne doit prendre la responsabilité de construire son propre capital de « connaissance et de compétences ». La formation ne DOIT plus être perçue comme une obligation légale mais comme un investissement au moins aussi important qu'un plan d'épargne retraite. Désormais le rôle du DRH sera aussi d'apprendre à apprendre plutôt que de « nourrir » directement. Cet apprentissage continuel prendra place dans et hors l'entreprise. Il sera piloté par la motivation individuelle autant que par les objectifs de l'entreprise.

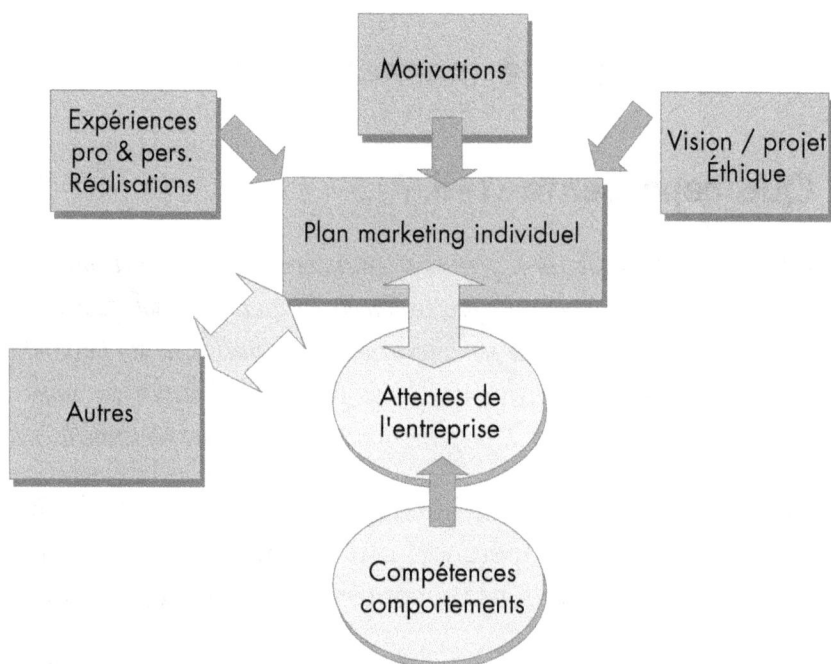

Le marketing individuel

La durée de « vie » dans le poste rend le marketing individuel indispensable

Comme nous l'avons vu, les changements que connaissent les entreprises ont une conséquence directe sur le temps qu'une personne va passer à occuper un poste. En effet, ce temps tend à se réduire de plus en plus sous la double pression de l'environnement extérieur et de l'environnement interne. Le passage d'une fonction à une autre doit devenir un des éléments clés du développement. C'est ainsi que nous pouvons désormais parler de « durée de vie » dans un poste, comme nous parlons déjà de courbe de vie d'un « produit » dans le marketing.

Il s'agit d'identifier les différentes phases que va connaître tout employé dans son poste – et pour le DRH de les anticiper afin de mieux répondre aux attentes des salariés et de l'entreprise. Ce concept est aussi lié à la notion de performance…

La courbe peut se présenter sous la forme suivante.

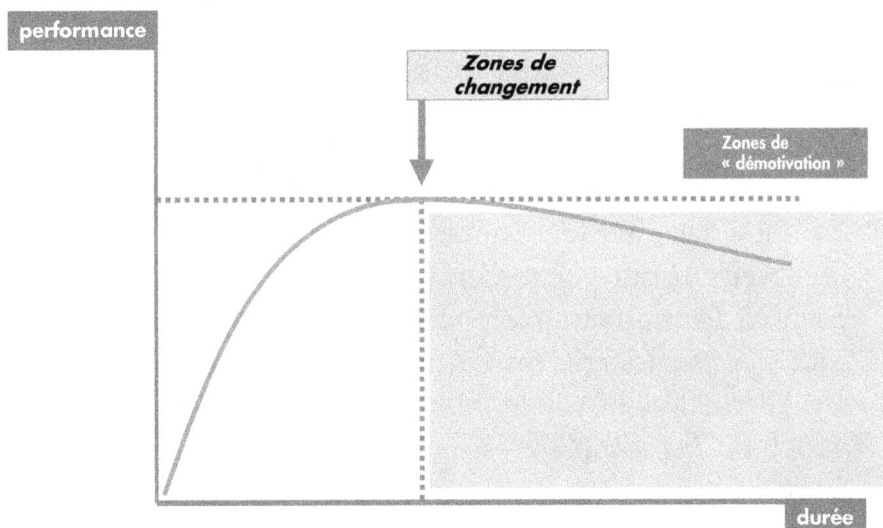

Le cycle de performance dans un poste

Dans la zone de croissance, il y a une forte corrélation entre la performance et la motivation. À partir du moment où le salarié ne retrouve plus les facteurs de motivation dans son poste, la performance individuelle commence à décroître. C'est un signe de recherche de nouveaux facteurs de motivation.

> Dans une entreprise de photocopieurs la principale source de motivation des vendeurs était la forte rémunération variable liée à la performance individuelle. Cependant, après 24 à 36 mois d'ancienneté dans la fonction ventes de nombreux jeunes diplômés recrutés pour un premier poste ont émis des besoins de nouvelles sources de motivation professionnelle, qui pouvaient éventuellement impacter négativement le montant de leur rémunération (évolution vers le marketing) mais leur apporter des responsabilités plus vastes associées à une plus grande stabilité de la rémunération.

La motivation n'est pas un facteur stable

La motivation est un des grands soucis quotidiens des managers et donc des RH. À tort... Pourquoi ? parce que les facteurs de motivation sont complexes et nombreux et que chaque individu « contient » les siens propres. La motivation est variable, tant par son amplitude que par les critères qui la composent. Elle n'est ni « perpétuelle » ni stable. Mais au-delà de tout, la motivation est *individuelle*, c'est-à-dire que l'« on est motivé, on ne nous motive pas... ».

Un manager crée le contexte qui va permettre à la motivation individuelle de s'installer. Motiver son équipe constitue souvent un défi impossible. Par contre, créer les facteurs de motivation qui permettront à chacun – ou à certains – de se sentir motivé est parfaitement possible.

L'entreprise peut donc créer un environnement qui favorisera la motivation. Seulement, elle opère une sélection « naturelle » sur la motivation au travers de sa culture, de son produit, de son système de performance, de ses valeurs, de son image sur le marché, de son management.

Le DRH est à l'écoute des soucis liés à la motivation. Il analyse en quoi la structure a un effet bénéfique ou négatif sur la motivation. Il fait prendre conscience au manager de son impact sur cette dernière, et à chaque salarié de leurs critères de motivation. Il doit donc mettre en place les systèmes de mesure permettant d'analyser le degré de motivation, tant collectif (moyenne) qu'individuel (via le management). Enfin, il ne faut surtout pas que ce dernier considère ses facteurs de motivation comme étant ceux du groupe, il courrait tout droit vers la désillusion et même parfois le conflit.

Les deux triangles ci-dessous schématisent la vision classique des critères de motivation, depuis le modèle de Maslow (à gauche) jusqu'à sa déclinaison en langage d'entreprise (à droite).

Les niveaux de motivation (selon P. Maslow)

Le *salaire* peut être un critère de motivation important à certains moments de la carrière – et moins à d'autres. Il est intéressant de voir que dans certains cas le fait de quitter une entreprise pour en rejoindre une autre s'accompagne d'une augmentation de salaire supérieure à ce que pourrait avoir la personne en question en restant dans son entreprise. Or les mobilités externes ne sont pas aussi nombreuses, prouvant ainsi que le salaire n'est pas l'unique source de motivation.

La *performance individuelle* est également liée à cette motivation. Il est donc important pour le DRH d'identifier ces zones de risque, afin d'apporter les réponses individuelles appropriées (promotion, mutation, changement de responsabilités, changement de poste, formation, …).

Les courbes ci-dessous présentent deux modèles :

- le modèle N°1 : performance rapide, forte pression, démotivation rapide ;
- le modèle N°2 : plus longue présence dans l'entreprise ou le poste, performance moins élevée mais plus régulière et stable dans la durée.

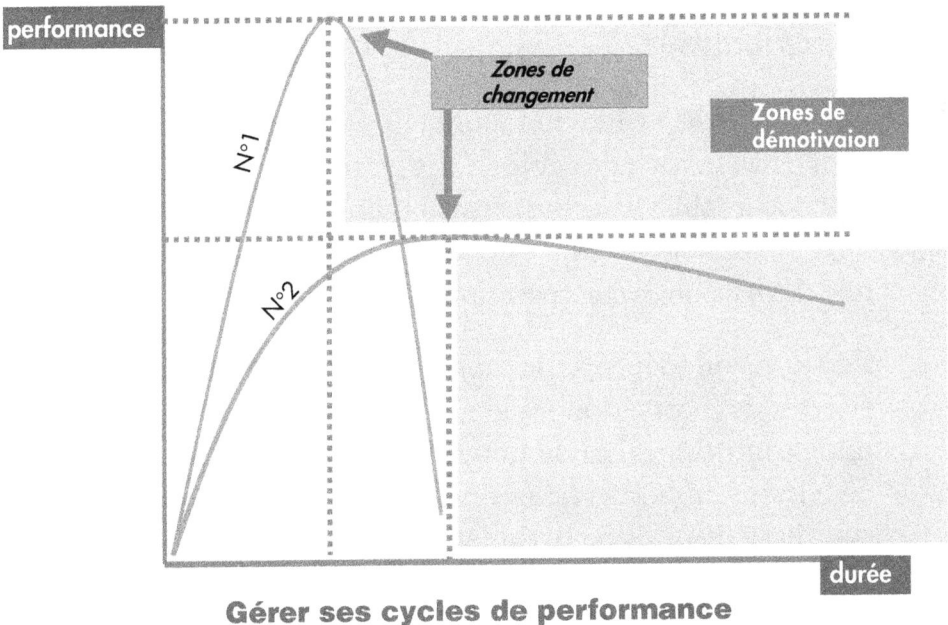

Gérer ses cycles de performance

Le point d'attention

Il est crucial de veiller à la phase d'inversion de la courbe et d'anticiper ce risque. Car à partir du moment où la courbe s'inverse, la performance décroît et si cette situation n'est pas traitée rapidement le risque de complication devient important. Les options possibles sont les suivantes : proposer de nouvelles sources de motivation au travers de nouvelles responsabilités, ou d'un nouveau poste. Faire une analyse complète de l'expérience passée, communiquer avec la personne, la recevoir en entretien pour identifier les solutions possibles, mais surtout pour lui montrer l'intérêt de l'entreprise à son encontre.

Identifier ses champs de vision fonctionnelle

Le champ de vision fonctionnelle est en fait la façon dont chacun va percevoir la dimension de sa fonction. Cela peut aller d'une dimension individuelle : moi – forte myopie – jusqu'à une vision très claire qui prend une dimension « macroéconomique ».

Cette vision dépend de nombreux facteurs, dont les critères de motivation ou le rôle du manager. Il ne s'agit ni de compétence, ni de jugement. Par contre, le champ de vision influence la façon dont chacun perçoit son environnement et construit ses relations aux autres ou à l'organisation qui l'emploie. Nous avons identifié cinq niveaux :

- je me centre sur moi-même ;

- je me centre sur mon environnement matériel proche (mon produit, mon outil de travail) ;

- je me centre sur mes clients ou mon équipe (environnement relationnel proche) ;

- j'intègre la complexité de l'organisation à laquelle je suis directement rattaché (département, service, pays, …) ;

- j'intègre la complexité de l'organisation en général (au-delà de ma propre organisation).

La vision influencera grandement la relation aux autres, le rapport avec son propre management ou le rapport à l'organisation et à ses objectifs.

© Groue Eyrolles

Par exemple, la dimension matricielle de l'organisation sera difficilement perceptible par une personne centrée sur elle-même ou sur SON équipe. Son besoin d'appartenance, d'indépendance ou de contrôle ne sera pas compatible avec un fonctionnement matriciel. De la même façon, une personne centrée sur SON équipe sera peut-être un excellent manager de proximité mais considérera son équipe comme une priorité absolue, au risque d'entrer en conflit avec d'autres composantes de l'organisation (autres équipes = compétition, autres fonctions = exclusion).

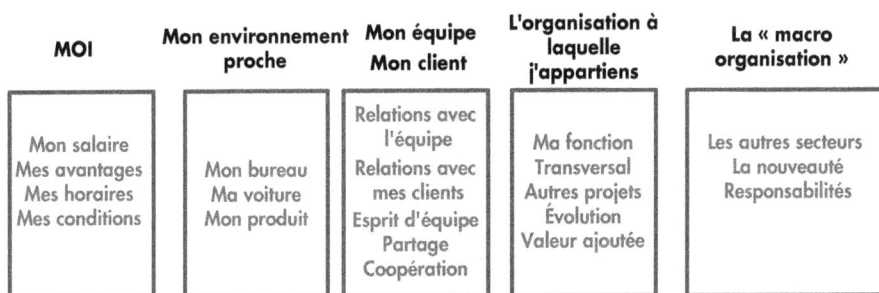

MOI	Mon environnement proche	Mon équipe Mon client	L'organisation à laquelle j'appartiens	La « macro organisation »
Mon salaire Mes avantages Mes horaires Mes conditions	Mon bureau Ma voiture Mon produit	Relations avec l'équipe Relations avec mes clients Esprit d'équipe Partage Coopération	Ma fonction Transversal Autres projets Évolution Valeur ajoutée	Les autres secteurs La nouveauté Responsabilités

Les champs de vision fonctionnels

Bien sûr toute personne peut faire évoluer son champ de vision. Mais ceci n'est possible qu'en respectant quelques règles simples :

— on ne peut évoluer que par étape, sans sauter d'étape ;

— le fait de développer son champ de vision fait partie d'un plan de développement individuel. Ce n'est pas « naturel » ;

— nous pouvons combiner plusieurs champs de vision en fonction de nos activités professionnelles ou personnelles. Une personne peut rester centrée sur elle-même dans le cadre de ses responsabilités professionnelles (manque de motivation) mais être à l'opposé dans le cadre de son hobby (par exemple : elle est présidente de son club de VTT et organise des activités).

La *régression* (voir schéma ci-dessous) est également possible et peut s'effectuer en sautant des étapes ! Ceci peut s'apparenter à de la démotivation et est souvent la conséquence d'événements extérieurs ou de l'évolution de la perception de l'individu par rapport à ses responsabilités.

Alors qu'un manager peut difficilement « motiver » (mais il peut créer les facteurs permettant à une personne de se motiver), il peut par contre démotiver au travers de remarques désagréables, d'erreurs de management ou de manque de considération.

Progression

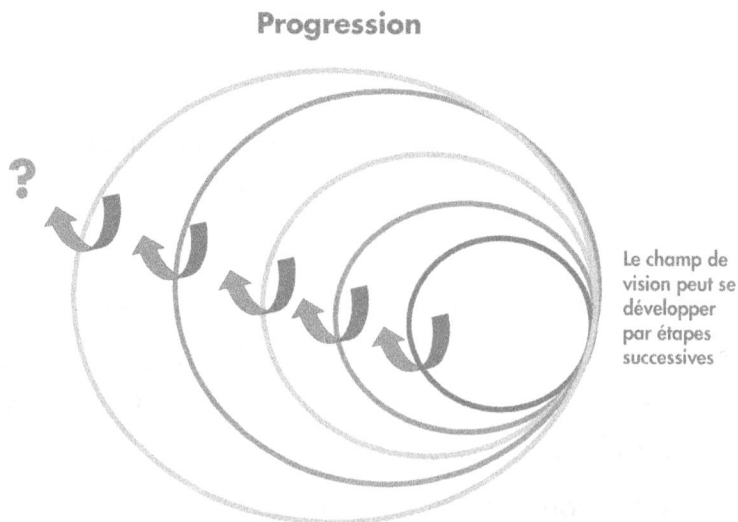

Le champ de vision peut se développer par étapes successives

La gestion des champs de vision fonctionnels : la progression

Régression

La régression est plus rapide
que la progression

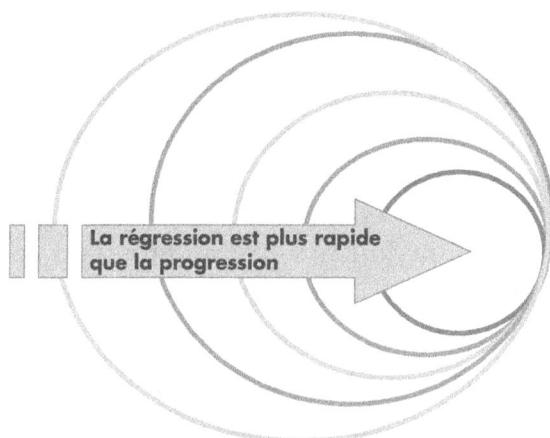

La gestion des champs de vision fonctionnels :
la régression

Le marketing individuel passe donc par une meilleure
connaissance de ses forces et faiblesses et de ses critères
de motivation. Mais ceci n'est pas tout. Il faut également que chacun travaille de manière constante à
l'élaboration, au suivi et à la conduite de son projet
personnel. « Qu'est-ce que je veux faire de mes
compétences ? », « Quelles responsabilités dans cinq
ans ? », « Comment optimiser ce que j'aime faire ? »
sont autant de questions qui aident à construire ce
projet.

À partir de ce projet, chacun pourra élaborer ses actions
de marketing individuel : comment me faire connaître ?
Quelle est ma valeur ajoutée ? Quel est le prix (salaire,
conditions de travail, …) de cette valeur ajoutée ? Où la
mettre en œuvre (entreprise) ? seront autant de points à

traiter et auxquels il faudra apporter une réponse opérationnelle.

Il s'agit d'une démarche personnelle mais le DRH peut favoriser cette réflexion, en mettant en place les outils nécessaires mais aussi en éduquant l'organisation à conduire ce type d'analyse.

Le projet personnel ne doit pas être un tabou ou un sujet réservé aux entreprises d'outplacement. Il s'agit au contraire d'une démarche qui renforce la motivation individuelle en donnant plus d'autonomie à chacun.

L'entreprise ne peut pas forcer cette démarche mais elle peut l'encourager, au même titre que l'Éducation nationale qui devrait prendre ce sujet à bras-le-corps et l'intégrer dans les politiques de formation supérieure aussi bien qu'au lycée.

PARTIE IV

Repensez vos pratiques RH

Pourquoi est-ce important ?

La fonction Ressources Humaines est de moins en moins une fonction technique mais de plus en plus une fonction à dominante relationnelle et organisationnelle. Plusieurs facteurs déjà évoqués au cours des chapitres précédents amènent la fonction RH à revoir ses fondamentaux. Cette tendance ne pourra être que renforcée par le développement des outils et solutions informatiques aisément accessibles en ligne sur le modèle des portails Ressources Humaines d'entreprises comme HP.

La fonction va donc devoir trouver sa valeur ajoutée dans d'autres dimensions, et la plus évidente est celle de l'aide à la mobilité organisationnelle, fonctionnelle et individuelle. Ce terme est préférable à celui de changement car la notion de changement reste liée à une notion temporelle (un début et une fin) et une notion de finalité (le changement se termine).

Or, nous sommes désormais dans un environnement en constant changement, et donc en évolution perpétuelle. L'expertise technique est en passe d'être remplacée par un rôle plus subtil de facilitateur, d'avant-garde et d'innovateur. Le DRH passe de la gestion (concept technique) à la facilitation (concept relationnel). La dimension « soft » devient primordiale.

Les compétences clés

Nous pouvons en lister six qui sont désormais critiques :

- la *capacité à construire un réseau et à influencer* : obtenir de l'information, anticiper, aider à la prise de décision, s'ouvrir sur l'extérieur et exposer l'entreprise aux meilleures pratiques d'autres entreprises ;
- la *capacité à vendre et à négocier* : adapter son discours aux attentes des opérationnels, faire face aux objections, gérer les conflits collectifs et individuels, obtenir des compromis ;
- la *capacité de leadership et charisme* : donner de la confiance à l'organisation (information, explication, pédagogie et anticipation), servir de modèle et démontrer par l'action ;
- la *flexibilité et la résilience* : s'adapter, évoluer, se remettre en cause. Challenger l'organisation et ses dirigeants, accepter l'échec et s'en servir pour progresser ;
- le *management interculturel* (tant par la dimension internationale – faire travailler des personnes de différentes nationalités – qu'inter-fonctionnelle – faire coopérer des fonctions différentes) : gérer la globalisation et l'internationalisation. Servir de pont entre les différences, les comprendre et les utiliser ;

— la *crédibilité opérationnelle* : disposer d'une expérience professionnelle permettant le dialogue d'égal à égal avec les fonctions dites opérationnelles.

1

Fluidifier son organisation

Gérer la complexité

Fonctionner par projet : le futur de la fonction RH ?

La fonction RH, on l'a vu, est de plus en plus tiraillée entre les fonctions opérationnelles et le besoin de cohérence globale imposé par l'entreprise. Ce tiraillement se traduit par la façon dont la fonction est organisée. Davantage de DRH de fonction sont rattachés aujourd'hui aux responsables opérationnels avec un lien fonctionnel au DRH du groupe ou de l'entreprise. Si cette organisation a le mérite de rapprocher les problématiques RH du terrain, elle a également comme conséquence d'éloigner les préoccupations de développement et de coordination à moyen terme.

Le fonctionnement par projet (interne à la DRH ou intégrant d'autres fonctions) est une des réponses à ce challenge organisationnel.

Le projet est une structure mobile, à géométrie variable et qui représente avant tout une instance de développement, de communication et de *négociation interne*.

Le schéma ci-dessous reprend la vision synthétique d'un projet piloté par la fonction RH et qui englobe des représentants de diverses fonctions opérationnelles (managers/employés) ou fonctionnelles (IT, communication). Les ronds matérialisent les points de convergence indispensable mais aussi les risques potentiels de conflit entre fonction. Le chef de projet doit veiller à traiter ces points avec la plus grande attention afin d'éviter des dysfonctionnements préjudiciables au projet.

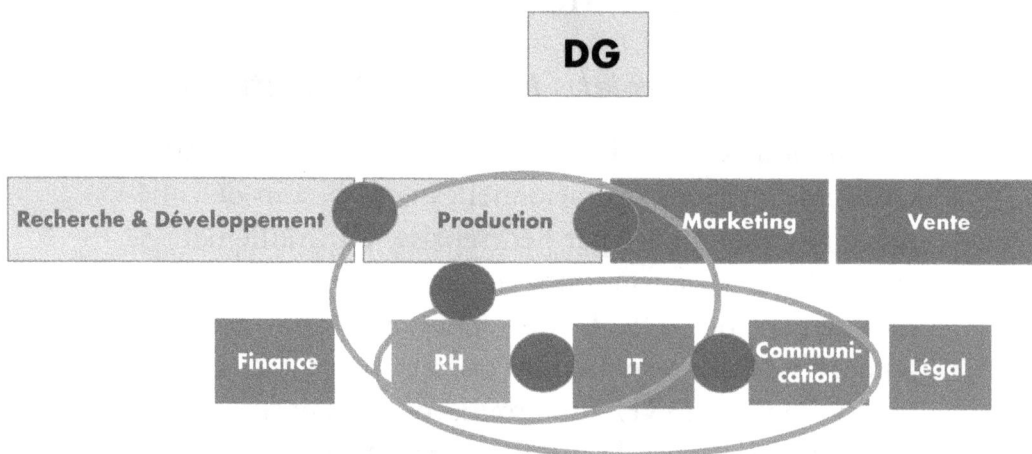

La gestion de projet : gérer les interfaces

Un nouveau mode de fonctionnement

Le DRH est amené à devenir un *expert de la gestion de projets à dimension complexe*. De plus, s'il accroît son influence sur les décisions stratégiques il pourra être davantage impliqué dans des projets opérationnels, c'est-à-dire mis à contribution en tant que membre d'équipe projet (par exemple : projets de délocalisation, de fusions-acquisitions, mise en place d'un nouveau système de production), et non seulement en tant que chef de projet de programmes dépendant de sa fonction.

Les projets à dominante RH sont très nombreux. Vous en trouverez ci-dessous une liste d'exemples :

> – définition et implémentation d'un système informatique de gestion des RH (HRIS) – impliquant la DRH, les managers des RH locaux, la direction informatique ;

> – mise en place d'un référentiel de compétences, impliquant la DG, les directeurs de fonction, des prestataires externes ;

> – développement d'un programme de formation pour des hauts potentiels, impliquant des intervenants, des DRH et des managers ;

> – mise en place d'une université d'entreprise.

Les phases de conduite d'un projet

Le projet suit la plupart du temps des règles de fonctionnement précises et formalisées. L'objet n'est pas ici de rentrer dans les détails mais le schéma ci-dessous reprend les grandes phases d'un projet, depuis son initiation jusqu'à sa fin.

Identification	De l'idée de départ à la décision d'organiser une équipe projet
Définition	Du meeting initial (*kick off meeting*) à l'accord sur le plan d'action
Implémentation	Mise en œuvre du plan d'action/du début à l'atteinte des objectifs
Fin	De la décision de finir le projet jusqu'à l'arrêt du projet et le retour dans fonctions d'origine
Évaluation/ maintenance	La mesure de l'atteinte des objectifs et le tranfert vers un fonctionnement « normal » -> Projet pour lancer un nouveau système HRIS La fin du projet signifie la prise en charge de l'outil par les responsables RH

Les étapes d'un projet

La structure classique de l'équipe projet

Un fonctionnement en projet suppose d'être à l'aise avec plusieurs facteurs :

– la dimension non hiérarchique du management ;

– la dimension matricielle de la prise de décision ;

– le rôle d'interface ;

– le poids de la communication active et régulière ;

– la gestion d'équipe instable et mouvante.

La structure la plus classique du projet (représentée ci-après) est la suivante :

– un sponsor qui assure le lien entre le projet et la DG ;

– un chef de projet qui pilote le projet au quotidien, assure le *reporting*, gère les objectifs, les ressources et coordonne les activités ;

— une équipe projet constituée sur la base de la complémentarité, chargée de développer le projet mais aussi d'assurer le lien avec les fonctions dont elle est issue et de préparer la phase de vente interne.

Ce projet ne fonctionne pas en autarcie. Il est en relation constante avec les diverses fonctions représentées dans l'équipe projet, ainsi qu'avec la direction de projet/ sponsor. Le projet est donc une structure poreuse ouverte aux influences externes.

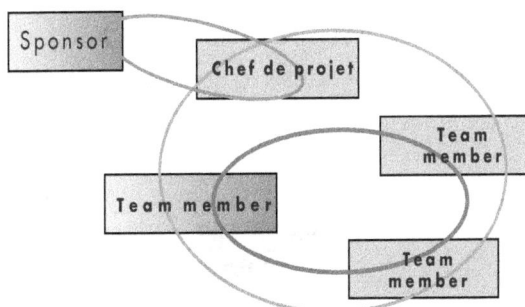

Le management de projet : la structure de l'équipe

Le schéma ci-après rajoute ces dimensions à la vision précédente qui était centrée sur le projet lui-même. On obtient :

— la fonction d'appartenance (encadré gris) ;

— les autres projets (gris clair) ;

— les autres intervenants fonctionnels (noir) ;

— les managers.

Une fois ce portrait établi, plusieurs difficultés apparaissent :

— certains membres de l'équipe projet peuvent participer à *plusieurs projets* en même temps, ce qui est potentiellement à l'origine de conflits et d'incompréhensions (dégradé de gris) ;

— chaque membre de l'équipe projet n'est détaché dans le projet que pour une *période limitée dans le temps*. Il garde donc des relations régulières avec le manager direct (encadré pointillé) ;

— le projet est régulé par des *intervenants extérieurs* : finance, audit, département méthodes, … sont autant d'interlocuteurs réguliers du projet (noir) ;

— les projets sont aussi souvent *en compétition* entre eux (notamment pour des questions de ressources) (dégradé de gris).

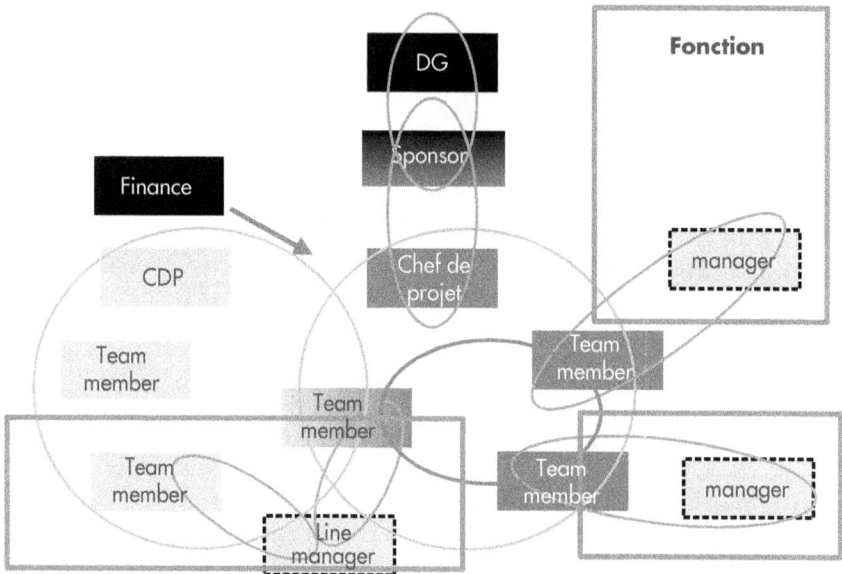

Le management de projet : gérer la complexité (1)

Intégrer la dimension individuelle

La dimension individuelle doit être prise en compte dans ce schéma. Elle reprend les quatre éléments suivants :

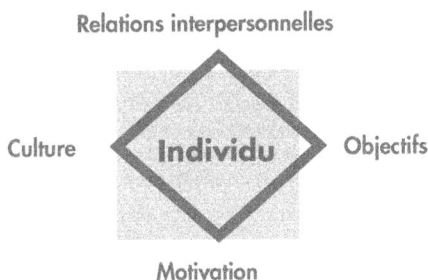

Relations interpersonnelles

Culture **Individu** Objectifs

Motivation

La dimension individuelle

- la façon dont la personne construit, entretient et analyse ses relations avec les autres (membres du projet, managers, etc.) ;

- les objectifs de cette personne (qu'ils soient liés au projet ou non) ;

- sa culture d'origine (qu'elle soit fonctionnelle – représentant du marketing ou de la production – ou nationale – anglaise, américaine, japonaise) ;

- ses motivations personnelles (reconnaissance, augmentation de salaire, visibilité, promotion, …).

Cette dimension individuelle vient ajouter de la complexité et de l'irrationnel à l'analyse de ce système. En effet, bon nombre de ces dimensions sont cachées et difficiles à identifier. Pourtant, une analyse efficace du processus devra les prendre en compte et faire des hypothèses qui pourront se vérifier dans les faits par la mise en œuvre des techniques de vente, de négociation, de *networking* ou d'influence.

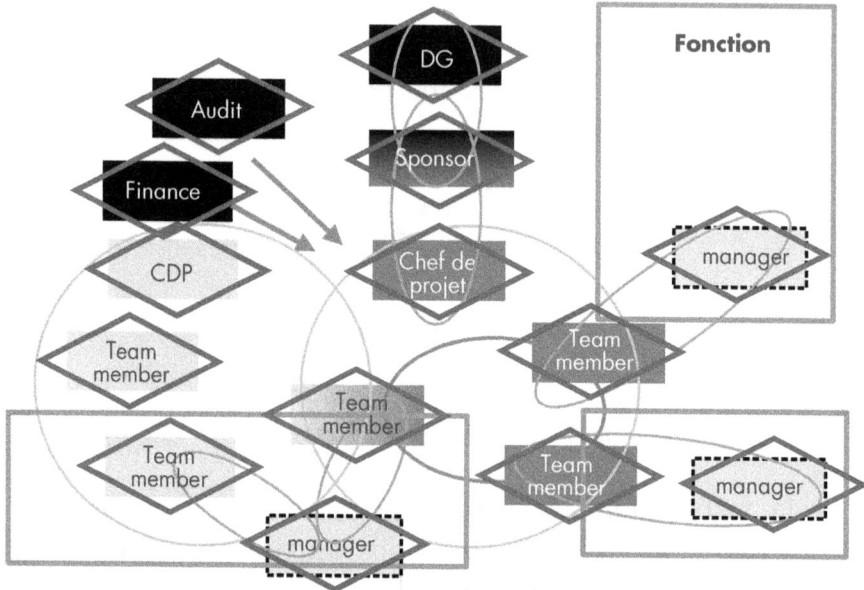

Gérer la complexité (2)

Comprendre et utiliser le système de décision

Qu'est-ce qu'un système de décision ?

Le système de décision est l'ensemble des process et des relations qui permettent d'arriver à une prise de décision. Le plus souvent il est défini comme un dispositif logique, formalisé et documenté. Pour beaucoup, il se résume sous la forme suivante :

$$L = \frac{\ell}{\beta}, \ T = \beta \times t, \ M = \beta \times m, \ \beta = \frac{1}{\sqrt{1 - \dfrac{v^2}{c^2}}}$$

Source : Albert Einstein/ théorie de la relativité

Cependant, dans la réalité, un processus de décision est la façon dont plusieurs personnes associées autour d'un projet ou d'une idée vont parvenir – ou non – à une prise de décision, en fonction de leurs enjeux personnels, professionnels, de leurs relations ou de leur compréhension du sujet.

Cartographier le système de prise de décision

Les critères de prise de décision

Ces critères peuvent être rationnels ou irrationnels :

- des faits : le plus souvent basés sur des données concrètes, factuelles et stables (preuves et données) ;

- des chiffres ;

- des démonstrations (test, pilotes, prototypes, ...).

Les perceptions

Elles font appel à la composante « humaine » du système de décision et sont basées sur :

- les sentiments ;

- les conflits de pouvoir ;

- les relations (conflits, coopération).

L'analyse d'un système de décision ne doit pas uniquement se baser sur la première dimension, mais intégrer la dimension « soft » du processus de décision.

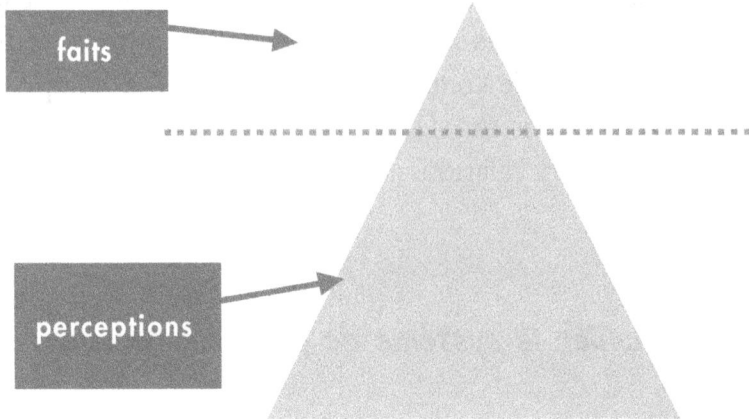

Les deux dimensions de la pause de décision

Identifier les acteurs, leurs rôles et leurs attitudes

À présent il s'agit de voir comment décrypter le système de décision afin de l'utiliser au mieux au profit de son projet.

Le DRH se trouvant de plus en plus dans une situation d'influence ou de négociation il doit avant tout être capable de dresser la carte de la façon dont les décisions relatives à ses projets se prennent.

L'expérience montre que la prise en compte de critères uniquement rationnels ne permet pas de disposer des informations utiles pour appréhender le système de décision. Ceci est d'autant plus vrai dans le cas de sujets à dominante RH où la prise en compte de la dimension irrationnelle est indispensable. Nous avons pour cela identifié les trois niveaux d'analyse suivants des acteurs impliqués dans une prise de décision.

Les titres ou les définitions de fonction qui formalisent la mission à accomplir et leur niveau de responsabilité. Par exemple :

- le chef de projet ;
- le membre de l'équipe projet ;
- le sponsor, la direction générale ;
- les managers/responsables hiérarchiques ;
- de manière plus globale les autres projets.

Leurs rôles : en quoi les personnes évoquées ci-dessus impactent la décision ou influencent le décideur final ? De quelle façon interfèrent-elles dans la décision ? Les rôles sont très souvent les suivants :

- le *décideur* : il a le pouvoir de dire oui/non et de décider à quel moment il prendra la décision finale. Il peut également fixer les règles du jeu et formaliser ces règles ;
- le *payeur* : il fournit des ressources (financières ou autres) et dispose du contrôle sur ces ressources ;
- le *contrôleur* : sa responsabilité est de valider et de vérifier que le projet atteigne son objectif ;
- l'*influenceur* : souvent caché, il joue un rôle de conseiller auprès du décideur. Il donne son avis, utilise un réseau, ou offre du feed-back ;

– le *relais* : part intégrante du dispositif, il a le pouvoir de transmettre – ou retenir – des informations. Il permet l'accès au décideur ou à d'autres personnes critiques, sans pour autant être impliqué dans la décision (par exemple : une assistante).

L'attitude : il s'agit de la partie qualitative du dispositif de décision. Il est question de savoir si vos interlocuteurs supportent le projet (attitude positive), y sont opposés (attitude négative) ou adoptent une position neutre (ne sont pas impliqués). À ces trois catégories, il faut en rajouter une quatrième : « l'attitude non connue. » Dans ce cas, il est indispensable de centrer son action préalable pour essayer d'identifier l'attitude.

Afin de réaliser la carte il faut également identifier les relations entre les différents acteurs, à savoir qui est en contact avec qui de manière continue (représenté sur le schéma suivant par une ligne épaisse), de manière sporadique (en cas de besoin urgent – ligne discontinue) ou de manière régulière (ligne normale). À présent, vous êtes en mesure de dresser la carte du système de décision. Le modèle du schéma suivant reprend les différents aspects que nous venons d'évoquer.

Les acteurs : la direction de l'audit interne, la direction financière, les chefs de projets, les responsables hiérarchiques (managers), le sponsor ainsi que les assistantes du DG et du directeur de l'audit. *Leurs relations* : fréquentes, régulières ou rares et pour terminer *leurs rôles et attitudes*.

Comment lire le schéma suivant ? Le directeur de l'audit interne appuie votre projet et est en contact fréquent avec le DG. Le manager C rencontre peu le sponsor du projet mais a une attitude négative par rapport à votre projet. Le chef de projet quant à lui rencontre fréquemment le sponsor et est en concurrence avec vous. Son attitude est donc également négative. Par rapport à votre projet, l'audit interne aura un rôle de contrôle de la réalisation.

Cartographie du système de décision

Quelques points d'attention

Avant de se lancer dans la cartographie il est indispensable de valider ou d'intégrer les points suivants :

– le décideur n'est pas forcément le plus haut placé dans la hiérarchie, mais bien celui qui a le pouvoir de dire oui ou non, ou de faire prendre cette décision par les autres ;

- dans la plupart des cas, les personnes impliquées dans le processus de décision n'ont qu'une connaissance relative du projet ou du sujet que vous allez traiter. Il faut de ce fait éviter les arguments trop techniques ;

- une carte du système de décision est mouvante. Certains aspects sont liés à des individus (« J'appuie votre projet parce que je vous apprécie », « Je n'appuie pas ce projet parce que je n'ai pas confiance dans le chef de projet »), d'autres au projet en lui-même (« Nous ne sommes pas prêts pour ce type de programme »). L'environnement joue également un rôle d'influenceur indirect.

Utiliser le système de décision

Cela consiste à agir sur les différents acteurs pour amener le décideur à prendre une décision favorable à l'encontre de votre projet ou programme. Cette action peut prendre la forme de réseautage *(networking)*, d'influence ou de négociation. C'est ce que nous allons voir à présent.

Vendre, négocier, influencer, bâtir un réseau

Vendre

Il s'agit de l'ensemble des actions visant à convaincre de l'utilité d'un service (ou d'un produit). L'action de vendre précède celle de négocier. Elle est centrée sur le service proposé et doit donner envie d'acheter. Il s'agit d'une relation basée sur le besoin, alors que la négociation est basée sur les moyens.

La vente installe les bases de la discussion et permet également le traitement des objections ainsi qu'un meilleur pilotage de la négociation.

Vendre, c'est « traduire » votre service pour l'adapter aux attentes de votre interlocuteur. Dans le cadre des ressources humaines, il s'agit d'éviter de parler le langage « DRH » pour centrer son argumentation sur les attentes du client interne, vendeur, manager ou financier. En d'autres termes, il faut parler des avantages (ce que le service lui apportera) et non des caractéristiques (une grille de compétences, un système de performance, …).

Négocier

Il s'agit alors de discuter des conditions de mise en œuvre d'un service (par exemple : le budget, mais aussi les ressources, les délais, l'effectif, l'organisation, les moyens divers, etc.).

La négociation est basée sur un dialogue et un rapport de force (à la différence de la vente).

Alors que le service est au centre de la relation de vente, la négociation confronte des individus. Elle est donc plus chargée émotionnellement.

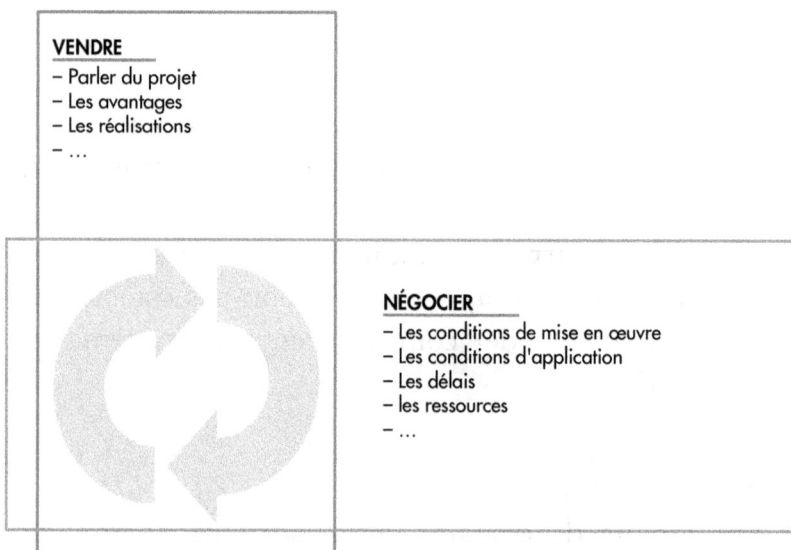

VENDRE
– Parler du projet
– Les avantages
– Les réalisations
– ...

NÉGOCIER
– Les conditions de mise en œuvre
– Les conditions d'application
– Les délais
– les ressources
– ...

Vendre et négocier : deux compétences distinctes

La négociation permet aussi de faire face à des « non »
dans le système de décision (cf. schéma ci-dessous).

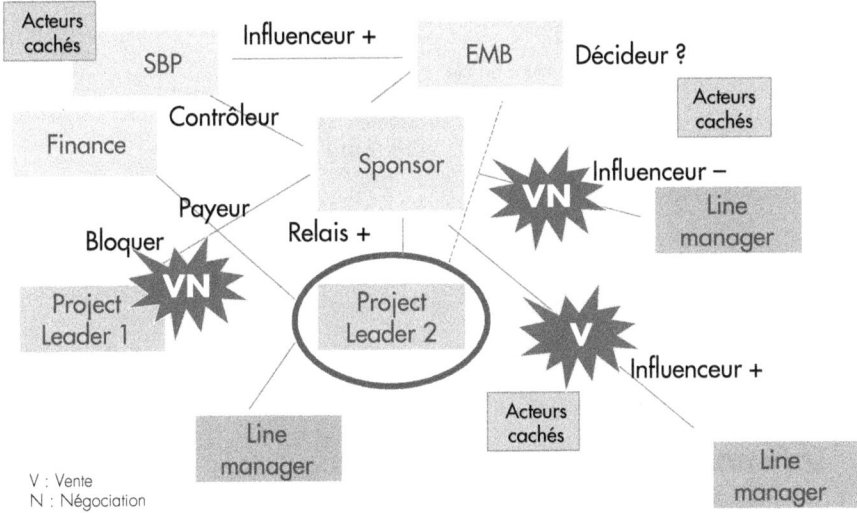

Vendre et négocier : comment utiliser le système de décision

Il s'agit d'une relation basée sur le « donnant/donnant »
(plus que sur le gagnant/gagnant). Il faut faire face à une
opposition, la traiter et la résoudre (le plus souvent
possible...) en trouvant un terrain d'entente fait de
concessions mutuelles.

La négociation suit des règles précises et des étapes
souvent incontournables, allant de la vente (prénégocia-
tion) à l'accord final.

189

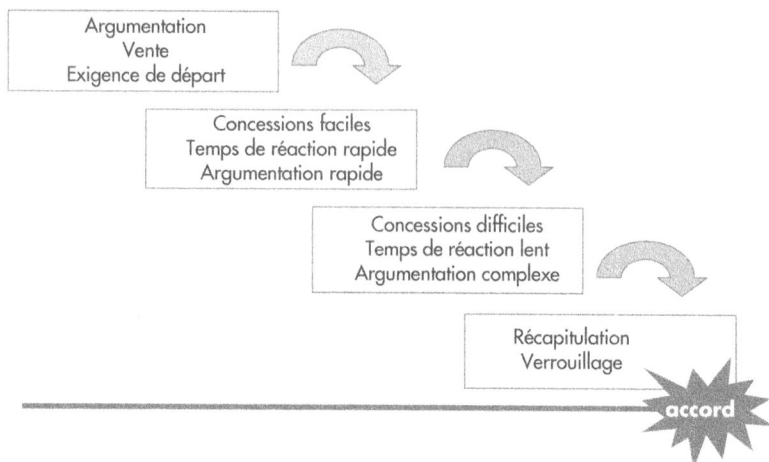

Le processus

Influencer

Il s'agit d'utiliser le système de décision – et notamment les influenceurs – pour faire parvenir au décideur des informations qui pourront être utiles lors d'une prise de décision en faveur d'une de vos propositions. Il est en fait question de « vendre indirectement » via un relais.

Influencer : accéder indirectement au centre de décision

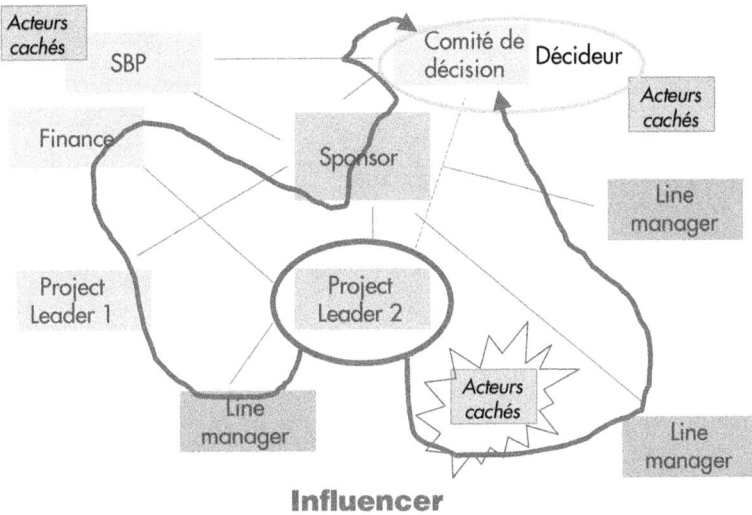

Influencer

Réseauter (le networking)

Il s'agit d'analyser, renseigner, et comprendre le système de prise de décision. Estimer les enjeux, valider les options et mettre en place un système de captation d'information, basé sur la collaboration et la réciprocité. Le *newtworking* est un investissement sur le futur.

Connaître son environnement
Mettre en place ses relais d'information

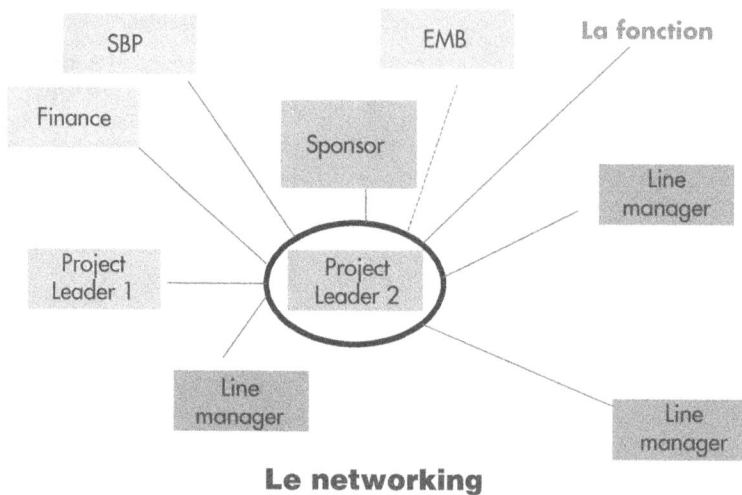

SBP

Finance

Project
Leader 1

EMB

Sponsor

Project
Leader 2

La fonction

Line
manager

Line
manager

Line
manager

Le networking

2

Revoir le management

Construire une équipe

On l'oublie trop souvent mais le DRH est également un manager. Les règles évoquées au préalable s'appliquent donc aussi. Or généralement les cordonniers sont les plus mal chaussés. Pour être crédible dans son aptitude à conseiller les autres managers, le DRH doit démontrer de réelles aptitudes managériales. De surcroît, le fait de se retrouver face aux mêmes problématiques que les managers va lui permettre de tester et valider certaines options.

En quoi l'équipe RH est-elle spécifique ?

– elle est variée ;

– elle est exposée et visible ;

– elle est à la fois fonctionnelle et opérationnelle ;

– elle est souvent plus stable que la moyenne.

Par contre sa courbe de développement reste identique à celle d'une autre équipe :

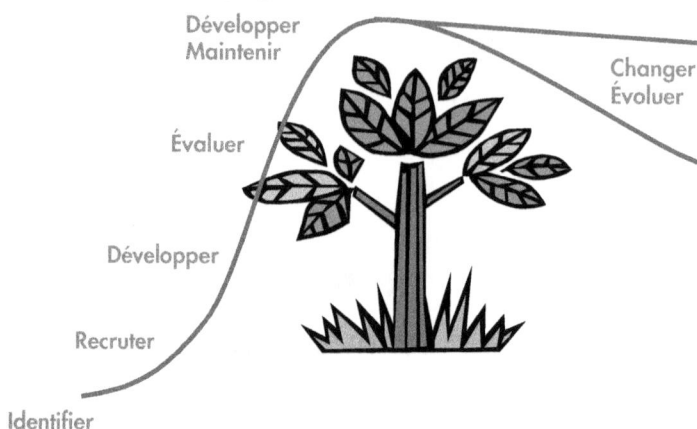

La courbe de développement

Elle passe par des phases de construction (recrutement), d'organisation, de développement et d'évolution. Nous allons regarder de plus près certaines de ces phases.

Concernant la phase « construction d'une équipe », notre objectif n'est pas d'aller dans le détail des techniques de recrutement et de développement mais de se centrer sur les quelques points d'attention à prendre en compte pour bâtir une équipe RH qui sera à même d'occuper ce nouvel espace de responsabilités. Pour cela il convient de valider trois points.

L'ouverture

– Favoriser les *expériences acquises hors de la fonction RH* : il ne faut plus avoir peur de recruter des non-experts. La formation peut pallier le manque de connaissance et de technicité. Par contre favoriser la « mixité » des profils dans votre fonction ne peut être que bénéfique.

- Préférer les *profils variés* ou les *expériences multiples* acquises dans plusieurs entreprises ou dans plusieurs pays. Encourager la flexibilité intellectuelle et opérationnelle. Préparer dès le recrutement l'évolution future de la personne recrutée et considérer dans bien des cas le poste RH comme un passage vers d'autres horizons. Valider l'employabilité dans l'organisation « hors RH ».

- Évaluer la *maîtrise linguistique* (par exemple le bilinguisme). Cette compétence manque cruellement à nos cadres RH. Il est fondamental qu'ils maîtrisent aujourd'hui au moins une langue étrangère. Le degré de maîtrise se mesure par la capacité à travailler dans une langue étrangère, et non pas seulement la capacité à parler ou écrire. Bien sûr la préférence ira à la maîtrise de la langue parlée, plutôt que de l'écrit.

La culture

À défaut d'expérience opérationnelle, il faut au minimum tester la *culture générale « business »* (finance, gestion, marketing) via des tests, *assessment centers* ou entretiens avec des partenaires d'autres fonctions. Il est critique de valider la dimension « quantitative » de votre candidat (finance, gestion, informatique) et son ouverture au fonctionnement des deux ou trois fonctions cruciales de votre organisation.

Crédibilité : rechercher l'expérience managériale

Négociation, expression orale face à un groupe, analyse, gestion de conflits, ou capacité à fonctionner en « multitâches » sont autant de *compétences clés* qui peuvent être évaluées au cours d'entretiens ou de mises en situation.

À partir de cette liste, bâtir sa stratégie de recrutement (voir schéma ci-dessous) en listant :

– les *points à valider* (management, technique RH, multiculturel et business) ;

– les *niveaux de maîtrise* attendus – depuis la simple « connaissance » (pas de pratique ni d'exposition à ce domaine mais une connaissance théorique), à l'exposition (expérience limitée dans la portée et dans la durée. Par exemple : quelques semaines passées dans un pays hors d'Europe), jusqu'à la pratique (expérience d'une durée significative agrémentée de résultats opérationnels tangibles et mesurables. Par exemple : expatriation, management d'une équipe, …).

Ce tableau ne reprend pas l'analyse des compétences clés qui peuvent faire l'objet d'une réflexion et d'une préparation parallèle.

	Management	Techniques RH	Cross-culture	Business
PRATIQUE				
EXPOSITION				
CULTURE				

Recruter un collaborateur RH : La préparation

Le profil recherché peut être complètement différent. Les deux schémas ci-dessous reprennent l'exemple d'un expert RH en gestion de la paye (gauche) et celui de la recherche d'un profil plus business amené à apporter une vision opérationnelle à la fonction (droite). Ce tableau permet à la fois de voir quels sont les aspects à valider en cours de recrutement (interne ou externe) mais aussi de préparer le plan de développement de la personne qui sera intégrée dans l'équipe.

	Management	Techniques RH	Cross-culture	Business
PRATIQUE		X		
EXPOSITION	X			
CULTURE			X	X

Exemple 1

	Management	Techniques RH	Cross-culture	Business
PRATIQUE	X			X
EXPOSITION			X	
CULTURE		X		

Exemple 2

Faire évoluer

Le développement des professionnels de la fonction RH est un vrai challenge. Très peu d'universités ou d'organismes de formation s'y sont attachés avec rigueur. Le défi est complexe puisque la fonction est elle-même complexe. Cependant, de plus en plus d'entreprises engagent de lourds programmes internes de développe-

197

ment des compétences de leur DRH ou managers RH pour les armer face aux défis futurs.

Trop longtemps la formation des futurs DRH s'est cantonnée aux aspects légaux et de relation sociale, ou de manière plus large aux techniques de gestion des ressources humaines. Trop peu de chose sur les compétences relationnelles, quasiment rien sur la culture internationale et presque pas de prospective. Sans parler de la culture opérationnelle !

Désormais, la fonction doit relever ce défi et se doter des compétences lui permettant d'anticiper les mouvements, d'acquérir une crédibilité opérationnelle et de participer à des discussions stratégiques.

Ce qui manque

– Une culture opérationnelle : finance, gestion, stratégie d'entreprise, management d'entreprise, analyse financière, ... Ce premier bloc vise à donner au futur DRH un vernis opérationnel assez épais pour qu'il puisse résister à la pression quotidienne des managers et servir de fondation à sa crédibilité. Apprendre l'entreprise, ses règles financières et comptables, son métier, sa technologie sont autant de sujets aujourd'hui indispensables.

– Une certaine exposition et une formation internationale (pratique des langues, législation et différences culturelles). La fonction RH a longtemps été par nature centrée sur des préoccupations locales et régionales. Désormais le DRH ne peut plus rester enfermer dans une approche aussi limitée. Cette partie de son développement doit lui apprendre à exercer ses responsabilités dans un contexte international.

– Une dimension comportementale : négociation, vente, influence et *networking*, gestion de conflits et leadership pour « non-pratiquants ».

– Une prospective : l'avenir de la fonction, la gestion du parcours professionnel.

– Une analyse organisationnelle.

– Une culture technologique et une gestion de projets.

Ce qui est trop présent

– Hypertrophie de la dimension relation sociale.

– Hypertrophie de la dimension technique (droit, administration).

Ce qu'il faut faire évoluer

– La gestion de carrière des RH.

– La capacité d'anticipation.

– L'attrait de la fonction.

Un manque de formation appropriée peut déboucher sur plusieurs conséquences : une myopie – fonction trop centrée sur elle-même, ses concepts et ses idées –, une distorsion de la vision (tout est RH !) ou le syndrome du « docteur » (langage incompréhensible, protection par l'expertise).

La fonction RH ne doit plus être une fonction « de carrière » mais devenir une fonction de passage et de bonification pour les opérationnels souhaitant développer de nouvelles compétences ou faire évoluer leurs responsabilités. Cette tendance risque de se renforcer avec le développement des stratégies d'outsourcing de certains aspects de la fonction qui tendent à mettre le DRH dans un rôle d'animation plus que d'expert. Il agira de plus en plus en chef d'orchestre et de moins en moins en soliste.

Mesurer la performance

Un objectif : rendre la fonction crédible ?

Le système de performance mesure *indirectement* la place d'une fonction dans l'organisation. Une fonction qui peut se vanter d'apporter du chiffre d'affaires (les ventes) ou de trouver des nouveaux produits (recherche) dispose de fait de plus de crédibilité dans l'entreprise. Elle est tangible, mesurable et donc indispensable.

Pendant longtemps, seules les fonctions dites opérationnelles avaient donc des mesures de performance claires et communiquées. Ceci a contribué à l'éloignement des fonctions support des fonctions opérationnelles, la reconnaissance passant par la capacité à prouver au travers d'indicateurs simples la valeur ajoutée de telle ou telle fonction.

Pour exister et se développer, comme pour exercer du pouvoir, les fonctions « support » se sont mises à travailler sur leur valeur ajoutée. La grande révolution du métier d'acheteur a par exemple transformé une fonction longtemps considérée comme annexe en une fonction critique qui peut générer par les économies réalisées plus de résultats nets qu'une fonction commerciale. De même, la fonction finance au travers de sa gestion de la trésorerie est devenue LA fonction stratégique dans bien des entreprises, alors qu'il y a encore quelques dizaines d'années elle se limitait à la comptabilité.

Mais quid de la fonction Ressources Humaines ? Dans un premier temps, certaines entreprises ont doté leur fonction RH de mesures de performance liées à l'activité de l'entreprise (chiffre d'affaires, marge brute, etc.) pour la forcer à penser « business ». Cependant, la fonction RH n'a que très peu d'influence *directe* sur ces résultats, et de ce fait elle se trouve tributaire des performances d'autres fonctions — ce qui renforce le déséquilibre en matière de relation client/fournisseur. Et pourtant, elle ne prendra sa place dans les décisions critiques que si elle peut parler d'égal à égal avec d'autres fonctions. La solution – loin d'être simple – passe donc par deux étapes :

- l'intégration de mesures RH dans les indicateurs de performance des fonctions opérationnelles ;
- la mise en place d'un système de mesure de la performance de la fonction RH qui suive le même modèle que le système de l'entreprise en mêlant des mesures, fonctionnelles « générales » (principalement financières), des mesures « HR Metrics » (mesures à domi-

nante RH mais basées sur des données chiffrées) et des mesures « projet » (capacité de la fonction à délivrer des projets ou des actions prévues dans le plan stratégique de la fonction).

Le système de mesure de la performance de la fonction RH

Comment mesurer la valeur ajoutée de la fonction, et rendre aussi les autres domaines de l'entreprise partie prenante de la performance des RH ? Comment créer de la dépendance positive qui force les managers opérationnels à intégrer la dimension RH vue précédemment dans leurs pratiques quotidiennes ? Telles sont les questions auxquelles un système de performance de la fonction Ressources Humaines doit répondre.

La structure du système de mesure

La réponse passe par le mixage des critères de mesure :

— des *critères opérationnels « purs »* : pour être accepté et visible (« validé » par les autres fonctions) un système de performance de la fonction RH doit intégrer des mesures opérationnelles, comme par exemple le chiffre d'affaires, la marge opérationnelle ou le profit ;

— des *mesures intermédiaires* : il s'agit de mesures quantitatives mais qui intègrent une dimension de gestion des Ressources Humaines. Par exemple : le revenu par employé qui donne une idée de la productivité et de l'efficacité individuelle mais aussi collective. Ces deux dernières catégories peuvent à la fois être des mesures de performance d'une fonction, aussi bien qu'une mesure de performance de la fonction RH ;

— des *mesures fonctionnelles (RH quantitatives)* : ces mesures font partie du tableau de bord de la fonction Ressources Humaines et visent à mesurer l'efficacité de quelque process de la DRH. Certaines des mesures évoquées ci-dessous peuvent s'apparenter à des informations de dimension sociale plutôt qu'à des critères de performance. La différence est pourtant fondamentale. La première mesure est informative alors que la seconde fixe un objectif et est suivie par un plan d'action validé et mis en œuvre. Les mesures possibles sont par exemple :

— le temps de recrutement (entre l'ouverture du poste et le recrutement effectif) pour mesurer l'efficacité du recrutement ;

— la ratio entre recrutements internes et externes pour évaluer la capacité à proposer des développements de carrière, et la maturité de l'entreprise face à la mobilité interne de ses employés ;

— le pourcentage total d'employés qui ont participé à une action de formation par rapport aux actions de formation prévues pour valider l'implication du management et de chaque employé dans le développement ;

— le pourcentage de la masse salariale consacré à la formation pour avoir une idée de l'ampleur de la politique de formation et de développement ;

— le nombre de jour moyen de formation par employé ;

- le pourcentage d'employés qui ont acquis des actions de l'entreprise via un plan d'investissement d'entreprise pour mesurer la confiance des employés par rapport au futur de l'entreprise ;

- le taux de turnover qui permet d'évaluer le taux d'attractivité de l'entreprise (satisfaction interne) ;

- le nombre de recrutements en ligne ou de consultations quotidiennes du site e-RH (l'adaptation des outils, les économies réalisées, …) ;

- le taux de départ dans les six premiers mois pour mesurer la performance du recrutement et de l'intégration ;

- le taux de demande d'aide de la part des employés pour les applications informatiques RH (qualité de la formation, de l'information, convivialité de l'outil) ;

- des *mesures RH qualitatives* : il s'agit de mesurer des projets ou des actions RH qui ne peuvent pas se résumer uniquement en des critères purement quantitatifs. Elles sont souvent associées à des projets ou à la mise en place de nouveaux outils, concepts ou méthodes. Ces mesures doivent cependant être facilement identifiables et clairement évaluables. Quelques exemples :

  - projet de mise en place d'un système informatique de gestion des RH ; mesure par étapes formalisées (signature du contrat, test, pilote, formation et lancement) ;

- développement d'un nouveau programme de formation (design, développement, mise en œuvre) ;
- mise en place d'une enquête de satisfaction interne
(design, validation, *reporting* et plan d'action) ;
- mise en place d'un référentiel de compétences ;
- projet d'un nouveau système de rémunération ;
- projet d'un nouveau système de pesée des postes.

Des mesures variées, claires et communiquées

L'ambition de ce dispositif est également de fédérer une fonction autour d'objectifs communs et partagés. Ceci permet dans bien des cas de « parler d'une même langue » même en cas d'organisation de la fonction RH privilégiant le rattachement à la fonction opération-nelle. Il s'agit alors de présenter un système alternant l'ensemble des objectifs évoqués ci-dessus, mais aussi de proposer un système de suivi régulier de la performance de la fonction.

Les objectifs d'équipes ou individuels doivent prendre en compte pour partie ou totalité (en fonction du poste) les objectifs communs de la fonction et les décliner loca-lement ou par centre d'expertise.

Enfin ce système ne s'avérera performant que s'il est associé au système de rémunération.

La partie suivante évoquera le principe de la *Balanced Scorecard* dont Robert Kaplan et David Norton sont à l'origine (Kaplan/Norton, *The Balanced ScoreCard – Translations strategy into action*, Haward Business School.) : il ne s'agit en aucun cas d'une réponse absolue aux questions posées dans cette partie mais d'un exemple opérationnel de ce qui peut être fait pour mesurer la performance de la fonction Ressources Humaines.

Exemple d'application d'une BSC à la fonction RH : joies et peines !

Définition de la BSC (Balanced Scorecard)

« The Balanced Scorecard is a strategic management system used to drive performance and accountability throughout the organization. The scorecard balances traditional performance measures with more forward-looking indicators in four key dimensions:

— financial;

— integration/operational excellence;

— employees;

— customers.

The Balanced Scorecard is an organizational framework for implementing and managing strategy at all levels of an enterprise by linking objectives, initiatives, and measures to an organization's strategy. The scorecard provides an enterprise view of an organization's overall performance. It integrates financial measures with other key performance indicators around customer perspectives, internal business processes, and organizational growth, learning, and innovation. »

Pour résumer, une BSC est un système de mesure de la performance d'une entreprise qui ne se centre pas uniquement sur des critères financiers. Le système peut être décliné à plusieurs niveaux dans l'organisation, à condition de ne pas s'adresser à des équipes trop petites. Il s'agit d'un système de fixations d'objectifs principalement collectifs avec un processus de suivi trimestriel. Il permet aussi de pondérer les objectifs en fonction de leur importance et de lister :

— les objectifs ;

— les mesures ;

— la pondération ;

— la déclinaison trimestrielle.

Un *système de tracking* est associé qui identifie les outils/ supports ou les sources d'information utilisées pour valider l'atteinte – ou non – des résultats. Le système est donc documenté, au même titre par exemple qu'un dispositif d'assurance Qualité comme la norme ISO. Enfin un *système de calcul* sophistiqué permet de mesurer le résultat final par le biais de pondération, pourcentage d'atteinte et donc facilite une communication simple en terme d'atteinte ou non des objectifs.

Comment lire une Balanced Scorecard ?

En fait la lecture est relativement aisée comme le montre l'exemple ci-dessous. Il y a un mix entre mesures business et RH, projets et indicateurs quantitatifs, les divers objectifs trimestriels ainsi que le poids de chacune des mesures.

BALANCED SCORECARD			TARGETS						
OBJECTIVE	MEASURE	W	2004				2004	2005	2006
			Q1	Q2	Q3	Q4			
Contribution au résultat général	CA par personne	13%	444	456	469	483	483		
Impact sur les résultats financiers	Marge opérationnelle	10%	16.8%	19.2%	21.0%	22.0%	22.0%	24.0%	25.0%
	% champs renseignés dans PeopleSoft	5%	98%	98%	98%	98%	98%		
	Projet de LMS/% des milestones du projet	6%	80%	80%	80%	80%	80%		
	Nombre de recrutements online	3%	40%	40%	40%	40%	40%		
Qualité de nos process	X	5%	75	75	75	75	75		
	Nombre de jeunes diplômés recrutés	5%	90	90	90	90	90		
	Z	5%	135	135	135	135	135		
Développement interne	Senior Management Program 2005	3%	80%	80%	80%	80%	80%		
	Nombre de coaching internes	10%	5	10	15	20	20		
	A	5%	80%	80%	80%	80%	80%		
	Taux de turnover / avant 6 mois	5%	<2%	<2%	<2%	<2%	<2%		
	Taux de turnover moyen (après 6 mois)	5%	<6%	<6%	<6%	<6%	<6%		
	Nombre de personnes formées au nouveau système de performance	10%	50%	50%	50%	50%	50%		
	% d'employés avec un plan de développement une revue semestrielle des objectifs et le nombre de formations suivies/recommandées	10%	75% with an agreed development plan in place	•	75% with mid year reviews completed	75% of 2004 training courses completed	75%	75%	75%
		100%							

Exemple de balanced scorecard

Une BSC est certes un système efficace mais comme tout système il comporte des risques et demande une attention particulière du DRH sur certains points :

– la mobilité du système : les mesures sont-elles fixes ou peuvent-elles connaître des changements en cours d'année ? Et si oui, comment et par qui ?

– l'outil comporte-t-il le nombre optimal de mesures qui permette de se centrer sur les projets/mesures importants mais soit assez varié pour que l'ensemble des équipes RH s'y retrouve ? Le commentaire est donc le même sur la pondération qui doit donner une idée de priorité. Il faut éviter vingt mesures pesant chacune 5 % ;

- le temps passé à faire le suivi des mesures est-il adéquat ? Les mesures sont-elles faciles à obtenir ?

Relever les défis technologiques

La révolution technologique

La technologie a toujours impacté la façon dont l'entreprise développait et mettait en œuvre la politique RH. L'automatisation de la production et les premières pointeuses sont fortement associées au « directeur du personnel », l'arrivée de l'informatique a quant à elle bouleversé le rapport au travail.

En quoi la situation actuelle est-elle différente ? En fait, l'évolution technologique a dépassé depuis longtemps le simple cadre de l'entreprise et aujourd'hui il est de plus en plus facile d'accéder à des outils jusqu'alors réservés aux entreprises. Le changement vient principalement de la chute du mur entre vie professionnelle et vie privée induite par l'arrivée des nouveaux outils de communication mobile.

Il s'agit également de voir la conséquence de l'informatisation croissante sur le respect de la vie privée au travail et ses répercussions sur la fonction RH.

Enfin, nous verrons en quoi l'informatisation de la fonction RH pèse sur son futur et les missions à venir de cette fonction reliftée par le rapprochement entre haute technologie et RH.

L'entreprise souple accueille le salarié hyper mobile et hyper informé !

Les outils de communication à distance font entrer l'entreprise dans une nouvelle dimension. La coupure vie professionnelle/vie personnelle n'est plus de mise et le *bureau mobile* – voire virtuel – est devenu une réalité. Il n'y a qu'à prendre l'exemple des États-Unis où les cadres américains parlent désormais en évoquant leur petit Blackberry® (petit ordinateur portable d'origine canadienne qui permet de recevoir et d'envoyer des e-mails en temps réel, au même titre que de téléphoner) de « crackberry », mix en allusion au crack (drogue dure dérivée de la cocaïne). Mais au-delà de la simple anecdote, l'arrivée de ces petits engins portables (depuis l'ordinateur portable, le téléphone portable, les palms® et autres Blackberry®) bouleverse une grande partie des principes de base de la politique RH, voire notre propre rapport au travail.

Commençons par les horaires de travail. Voici un principe qui ne va pas résister à la technologie. Comment en effet contrôler, mesurer ou même définir une heure de travail dans un contexte où l'on peut consulter et recevoir ses e-mails professionnels de n'importe où et à n'importe quelle heure, saisir des informations clients sur le site intranet de l'entreprise depuis un *hot spot* wifi de chez Mc Do, ou lire ses e-mails depuis son téléphone portable au cinéma ? Seul le bouton on/off peut nous isoler, et encore…

Et quid de la définition de concepts aussi simples que « déplacement/travail/repos » dans un monde où l'information est accessible de partout, même depuis ses vacances à l'autre bout du monde ?

Il ne s'agit plus d'un changement mais d'une révolution. Pendant des décennies la notion de travail était clairement définie par rapport à des notions de lieux et d'horaires. Désormais, ces deux bases ont explosé laissant en place un concept devenu lui aussi souple et de plus en plus intangible. Et le salarié dans tout cela : vainqueur ou vaincu ? Et bien les deux ! Vaincu parce que le monde du travail va pénétrer de plus en plus dans la sphère privée, mais vainqueur parce qu'il n'est plus attaché à l'entreprise, qu'il peut aussi s'échapper tout en restant connecté, travailler depuis chez lui et gérer sa propre « *life balance* ». L'entreprise n'est plus la seule à définir les règles, et n'est plus la seule à pouvoir les contrôler.

Le salarié a gagné en maturité là où il y a encore peu d'années il attendait de l'entreprise qu'elle définisse *son* cadre de travail. Par contre, cette nouvelle façon de travailler va lui demander de penser son travail et sa vie en général de manière différente, au risque de ne pas pouvoir intégrer ces évolutions et de se retrouver en situation difficile.

Alors, faut-il encore un bureau ? De plus en plus d'entreprises remettent en cause le sacro-saint concept de bureau sous la double pression de la recherche d'économie et l'intégration des nouvelles technologies. « Si tu ne viens pas à Lagardère, Lagardère ira à toi » est

211

désormais un credo fréquent dans les entreprises de service. Le bureau se déplace et envahit le domicile, via des connexions haut débit, des lignes sécurisées, des téléphones portables, ou des fax. Le salarié est-il donc plus autonome ou dépendant ?

La globalisation est grandement facilitée par la technologie. Les centres d'appels situés en Tunisie, les services financiers basés en Inde ou les experts informatiques travaillant à distance depuis la Roumanie sont désormais légion courante. Internet a rendu caduques les frontières et les anciennes protections naturelles. Et il en est de même pour les individus. Mais d'un autre côté, il est aussi de plus en plus facile de travailler depuis chez soi, sans – par exemple – déménager pour rejoindre un nouveau siège social.

Un double mouvement est donc lancé combinant le rapprochement de l'entreprise de la sphère privée et la globalisation de l'information et du fonctionnement des équipes. Et ceci n'est pas sans conséquence sur la façon dont nous travaillons : plus de rapidité, plus de réactivité mais aussi plus de pollution, de temps passé à lire des mails ou de communications mal maîtrisées. Alors, sommes-nous plus ou moins efficaces ? Cette question n'a pour l'instant pas de réponse précise mais il est fort à parier que nous allons probablement plus vite, mais aussi de manière plus brouillonne et moins réfléchie.

Et la relation managériale dans tout cela ? Que devient le manager, formé depuis des décennies à gérer *son* équipe, présente sur *son* site avec *ses* bureaux ? Désormais, le management aussi se fait virtuel. C'est l'arrivée du « *remote management* » ou management à distance. Un manager en Suisse, une partie de son équipe aux États-Unis, l'autre en France et des consultants basés en Roumaine avec un projet à délivrer en Italie pour une entreprise anglaise !

Cette réalité suppose que le manager acquière de nouveaux réflexes, et surtout perde les anciens. Plus de communication, de la communication différente, moins de pouvoir et plus d'influence, moins de présence physique mais plus de coaching sont désormais l'apanage du « *remote manager* ».

De l'autre côté, l'employé devient plus responsable, moins assisté, à la fois plus libre mais aussi plus contraint par des objectifs. L'important n'est plus de travailler mais de délivrer (du verbe anglais « *deliver* » qui signifie « produire »). Qu'importe le temps passé, l'endroit d'où vous travaillez, l'important est l'atteinte ou le dépassement des objectifs fixés.

Et pour terminer une dernière question : **nos écoles nous préparent-elles à ce changement ?** Combien d'enseignants maîtrisent-ils parfaitement l'informatique et les outils associés ? Cette question est fondamentale puisqu'elle conditionne l'avenir de nos enfants. Le langage écrit s'efface peu à peu pour laisser place au langage SMS et aux e-mails. Les jeux en réseaux apprennent à nos enfants que les frontières sont désormais virtuelles. Le système éducatif doit se remettre en cause pour offrir une approche pédagogique qui laisse plus de place au comportement et aux nouvelles compétences qu'au savoir pur. C'est à ce prix que nous comblerons la fracture technologique qui est en train de s'élargir.

Et ces éléments sont aussi à intégrer dans les politiques de formation des entreprises.

Le cyber DRH est-il arrivé ?

Le DRH doit prendre en compte les bouleversements évoqués précédemment, mais aussi adapter sa fonction aux nouveaux outils informatiques.

Avec l'avènement des systèmes d'information en Ressources Humaines, nous voyons s'opérer l'automati-sation de nombreuses tâches administratives. Cette tendance a débuté par les tâches les plus simples et les plus redondantes mais se déplace peu à peu vers le cœur de l'activité RH. Désormais, il est aisé de trouver sur le marché des outils permettant de gérer les processus d'apprentissage, d'aider à l'outsourcing et à la relocalisa-tion, de piloter le système de performance et de rémuné-ration (au-delà de la « simple » paye), de gérer les absences, ou de faciliter l'auto-évaluation et les bilans de compétences. Sans parler bien sûr du recrutement ou de l'*assessment* en ligne, qui sont désormais devenus des classiques.

Alors, quels sont les pour et les contre de cette informa-tisation croissante de la fonction RH, et où sont les nouvelles opportunités ?

Les plus

- Un service *on line* 24 heures/24 : une solution pour les aspects administratifs (bulletin de paye *on line*, information, accès aux documents administratifs, contrat de travail, etc.).

- La responsabilisation croissante des employés au travers de la mise à disposition de portails RH.

- Premier recours pour résoudre des petits problèmes quotidiens.

- Une impression de support très présent.

- Une élimination des tâches répétitives.

- Une économie dans la durée (hors frais de développement).

Les risques et les contraintes

- Risque de perte du contact quotidien avec les salariés et les managers.

- Besoin de mise à jour constante du site.

- Nécessité d'avoir une approche client plus formalisée (pour dépasser l'aspect purement e-RH).

- Besoin d'un équipement accessible par toutes et tous, besoin de formation ainsi que de support.

- Risque de déresponsabilisation : l'effet « HAL » (par référence à *2001 L'odyssée de l'espace*) qui traduit la prise de contrôle par l'ordinateur. La machine est présentée comme celle qui a pris la décision (formation, salaire, vacances) et non plus le manager ou le DRH.

Les opportunités

- La DRH doit revoir son fonctionnement et se doter de nouvelles compétences, voire de nouveaux métiers.

- Plus de temps pour se consacrer à d'autres aspects.

Le tableau ci-dessous résume en quoi les différents aspects de la fonction vont ou sont remis en cause par l'informatisation. Peu de domaines sont désormais réellement protégés de cette emprise technologique, et face à ce glissement le DRH doit anticiper les changements afin de piloter plutôt que de subir. La formation des futurs responsables de Ressources Humaines doit impérativement intégrer une forte composante technologique, non pas pour les transformer en informaticien mais pour leur donner les moyens d'agir sur cette évolution.

	Facile	Partiellement possible	Difficile	Remplacement par la technologie
Administration	X			
Recrutement		X		
Support terrain		X		
Relations sociales			X	
Support opérationnel			X	
Relocation		X		
Comp. & Ben.		X		

Le cyber-rh : le potentiel de remplacement

Voici en quelques lignes les conséquences actuelles et futures de la technologie sur la façon dont chacun va modifier ses comportements face aux problématiques RH :

- disparition des lettres manuscrites et du courrier au profit des e-mails et des pièces jointes ;

- présélection et « filtrage » en ligne via des questionnaires ou des tests ;

- les CV sont stockés et accessibles tout le temps, partout et facilement ;

- le temps passé pour envoyer un CV est réduit et les entreprises reçoivent de plus en plus de candidatures ;

- le marché est devenu très réactif à l'actualité, les candidats connaissent de mieux en mieux les entreprises. Remise en cause des process de recrutement et des questions posées ;

- les réseaux se forment rapidement et informellement : la communication « virale » (comme un virus, transmission rapide, voire instantanée, et sans limites naturelles) se développe encore plus vite dans les organisations ;

- le temps de travail est un concept virtuel qui fait exploser nos anciennes références ;

- la disponibilité et la rapidité sont des critères de plus en plus importants dans l'analyse du service client fournie par la fonction RH ;

- le besoin de contact reste important, mais doit être géré d'une autre façon ;

- l'information est trop abondante, il faut apprendre à l'analyser. Elle pollue et noie !

- le travail peut se réaliser de plus en plus dans des endroits différents, d'où une perte d'identité physique et une modification du concept d'appartenance ;

- à la fois plus de contrôle et plus d'autonomie : contrôle technique à cadrer, mais moins de dépendance par rapport au bureau, plus de flexibilité dans la gestion des plans d'action ;
- changement des pratiques managériales : autonomie, délégation, « virtualisation », distance, nouveaux outils de communication, nouvelle forme de présence et de coaching ;
- la disponibilité est accrue, et doit être managée par chacun, avec de nouvelles règles fixées par l'entreprise pour éviter les abus ;
- la vitesse et la réactivité accrues renforcent la culture du court terme.

Voici donc une liste de sujets que le DRH doit adresser rapidement afin de gérer au mieux la transition et de ne pas répondre à ces questions avec des réponses datant du siècle dernier.

3

Assurer le marketing de sa fonction

Le marketing est l'ensemble des techniques et études d'applications
qui ont pour but de prévoir, constater, susciter,
renouveler ou stimuler les besoins des consommateurs.

Kotler

Qu'est-ce que le marketing RH ?

Définition : « *Le marketing rassemble l'ensemble des techniques, outils et process qui permettent de mieux connaître son marché, de proposer des produits en phase avec les attentes des clients et de favoriser le ré-achat.* »

Que vient faire le marketing ici ?

La fonction RH souffre d'un manque de visibilité mais également d'un profil perçu comme trop technique, voire technocratique. En même temps, les exigences individuelles et collectives mettent la fonction dans une obligation de « produire » et de fournir des services.

Or pendant de nombreuses années la fonction RH disposait d'un monopole interne, avec des clients captifs et une gamme de produits relativement simple, qui souvent se résumait en gestion du personnel (gestion du flux entrée et sortie, contrats et administration) et gestion des relations sociales (le(s) syndicat(s) représentai(en)t alors le client). Le marketing était donc inutile et inopportun.

Cependant, le marché interne a évolué :

– les services RH sont de plus en plus nombreux et complexes ;

– l'homogénéité des clients internes a laissé place à une grande hétérogénéité, liée à la globalisation, aux nouvelles technologies et à la mobilité accrue des salariés ;

– notre société nous expose quotidiennement au marketing, via la TV, la radio, le Net ou l'affichage. La barre est donc désormais plus haute pour le DRH s'il veut capter l'attention et se positionner clairement au sein de l'entreprise.

Le DRH se retrouve ainsi dans une situation de conviction et de vente interne de ses prestations. Même si les prestations présentées sont « uniques » (seulement proposées par la DRH interne), elles se heurtent aux contraintes de ressources et de budget. Le DRH doit également rendre son service, ses produits attractif(s) pour ne pas être – trop – confronté à ces problématiques de réduction de coûts. La concurrence existe donc aussi en interne ! en effet, on ne remet pas, ou peu en question un service qui à su se rendre indispensable.

L'approche marketing n'est pas uniquement un outil de communication interne. C'est une réelle approche qui permet d'aider le DRH à structurer à la fois les services proposés mais également son approche des clients internes. Notre objectif n'est pas de refaire ici un cours de marketing, mais de décliner quelques concepts en tentant de les adapter à l'environnement RH.

Le marketing mix

Depuis très longtemps, le marketing repose sur quatre piliers que l'on appelle communément le « marketing mix » :

- le *produit* : il s'agit de répondre à la question « Quoi vendre ? » ;
- le *prix* : quelle politique de prix peut-on appliquer à ce produit ou ce service ?
- la *place* : où positionner le produit ? Quel est l'endroit où le produit va être mis à disposition du client ?
- la *promotion* : comment parler du produit, via quel media et avec quel message principal ?

En quoi ces quatre variables peuvent être transposées au monde des RH ? C'est ce que nous allons voir à présent.

Le tableau ci-dessous est une déclinaison du principe des
4 P appliqué à la fonction RH.

PRODUIT	
Recrutement	
Coaching	PLACE
Formation interne/externe	Service disponible « chez » le manager
Gestion de la paye	Service On line
Université d'entreprise	Service disponible « chez » la DRH
système de performance	Service disponible à l'extérieur
Référentiel de compétences	
« Grading »	
...	
PRIX	PROMOTION
	Bouche à oreille
Coût financier direct	Communication interne
Coût financier indirect (immobilisation)	Via le manager (argumentaires)
Coût induit (risque)	Via l'externe
Coût transféré (impact sur les autres	E-mails
membres de l'équipe)	Courrier personnalisé
	Affiches
	Intranet

Le marketing mix de la fonction RH

Les produits et services

Ils peuvent être nombreux et dépendent de votre stratégie.

Le prix

C'est une variable de plus en plus importante, qui
regroupe les coûts directs (par exemple : le prix d'une
formation, la décision d'investir en formation au-delà
du minimum légal, le coût d'un système informatique
ou le prix d'un chasseur de têtes), mais aussi les coûts
indirects (le temps passé en formation), les coûts liés au
risque (risque de départ d'une personne après une
formation qualifiante, départ en cours de période
d'essai, ...), et les coûts liés à l'impact d'une décision
RH sur les autres membres de l'équipe (par exemple :
décision d'envoyer une personne en formation longue

durée – charge de travail supplémentaire pour les
personnes restantes durant l'absence du salarié).

La place

Où « trouver » ce produit ou service ? Quel est le réseau
de distribution ? Un service RH peut être disponible
uniquement auprès des experts de la fonction, auprès
des managers ou encore *on line* sur Intranet (e-learning,
e-RH), voire auprès de prestataires extérieurs (formation).

La promotion

Elle peut s'effectuer via plusieurs canaux : la DRH elle-
même, des actions de communication interne, une
information en ligne, via les managers ou tout simplement via le bouche-à-oreille. Là encore la stratégie de
communication dépend avant tout du type de service,
du type de clients et de l'analyse du marché interne.

Quelques principes de base

Le client et le circuit de distribution

En quoi le circuit de distribution des services proposés
par une fonction RH est-il différent d'un circuit
classique ? Le schéma ci-après compare plusieurs
systèmes et force est de constater qu'ils sont tous très
similaires.

Le circuit de distribution classique va du produit au
consommateur via un distributeur (magasin, grande
surface, ...). Ce lien peut également être direct, le

consommateur venant se servir directement chez le « producteur » (par exemple : modèle EasyJet ou Dell).

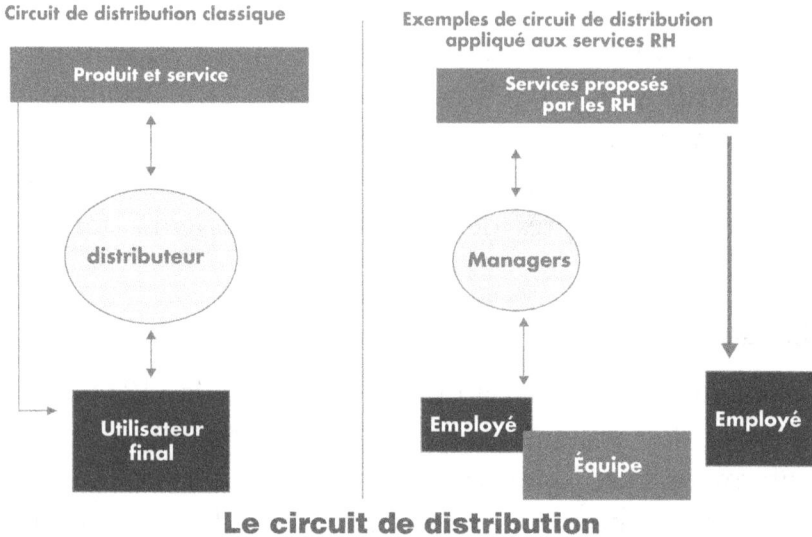

Circuit de distribution classique

Exemples de circuit de distribution appliqué aux services RH

Produit et service

distributeur

Utilisateur final

Services proposés par les RH

Managers

Employé

Équipe

Employé

Le circuit de distribution

Pour ce qui est des services proposés par une DRH l'analogie est forte. Le produit est soit distribué directement (e-RH, bulletin de paye, ...), soit disponible via un distributeur spécifique (le manager qui s'adresse à son équipe ou à un de ses employés en fonction des demandes et des besoins). Certains intermédiaires peuvent exister tels que, par exemple, les organisations syndicales – représentants du personnel, CE, etc.

Enfin, certains services peuvent être disponibles via des distributeurs extérieurs à l'entreprise – notamment dans le cas d'outsourcing de certaines activités RH (gestion de la paye, gestion de la formation) ou du recours à des prestataires externes spécialisés (crèches d'entreprises).

Le DRH doit identifier le circuit de distribution, analyser les rôles et les responsabilités, et bâtir sa stratégie de vente et de négociation de ses services en fonction des attentes du système de distribution.

Si la volonté politique est de transformer le manager en premier contact RH, il faudra alors l'équiper au même titre qu'un vendeur, à savoir le former, lui procurer des argumentaires, le coacher et maintenir tout de même un contact avec l'utilisateur final via la promotion directe (intranet, *newsletter*, …). Si la décision est de passer « en direct », alors la DRH devra renforcer ses capacités d'action en terme de communication interne et utiliser l'ensemble des outils mis à sa disposition :

Les produits et services

Tous les services RH se ressemblent-ils ? La réponse est non, et nous avons tenté de segmenter les services RH en fonction de deux critères que sont :

- la *disponibilité* : le service RH est-il disponible pour tout le monde (exemple : paye) ou réservé à une minorité de salariés (expatriation, hauts potentiels, cadres dirigeants, vendeurs, partenaires sociaux, …) ?
- le *potentiel de substitution* : le service RH est-il facilement substituable par un produit externe (formation) ou au contraire très spécifique à l'entreprise (référentiel de compétences, valeurs, système de performance) ?

Le tableau ci-après positionne quelques services proposés par la fonction RH selon de deux axes : produit ciblé ou global / produit standard ou spécifique. La liste n'est pas exhaustive mais elle permet d'identifier les différentes stratégies d'approche possibles. Par exemple : les services « ciblés » et peu « substituables » sont relativement protégés mais aussi sont hautement visibles en interne et contribuent souvent à l'image de marque de la DRH. De l'autre côté, de plus en plus de DRH externalisent les services « standard » et facilement substituables, ce qui ne veut pas dire qu'une approche marketing ne doit pas être tout de même menée. Il s'agit alors d'une promotion de masse plus que d'une communication ciblée.

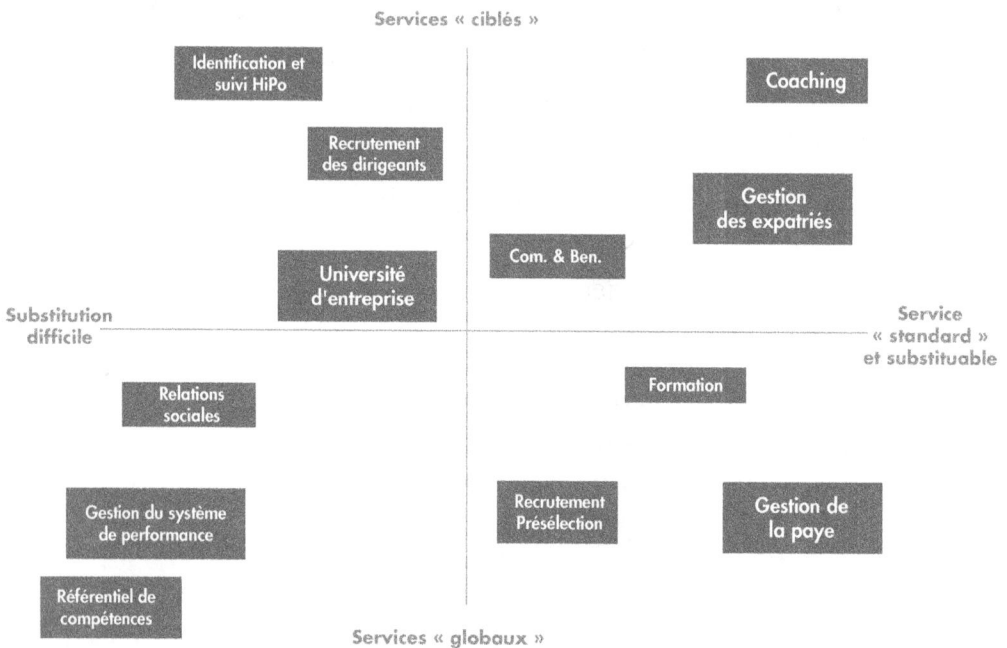

Services « ciblés »

Identification et suivi HiPo

Coaching

Recrutement des dirigeants

Gestion des expatriés

Université d'entreprise

Com. & Ben.

Substitution difficile

Service « standard » et substituable

Relations sociales

Formation

Gestion du système de performance

Recrutement Présélection

Gestion de la paye

Référentiel de compétences

Services « globaux »

Les services RH

Le tableau ci-après identifie quant à lui quelques grandes actions de marketing interne possibles en fonction du positionnement du service.

Ces stratégies marketing sont au nombre de quatre :

Services « ciblés »

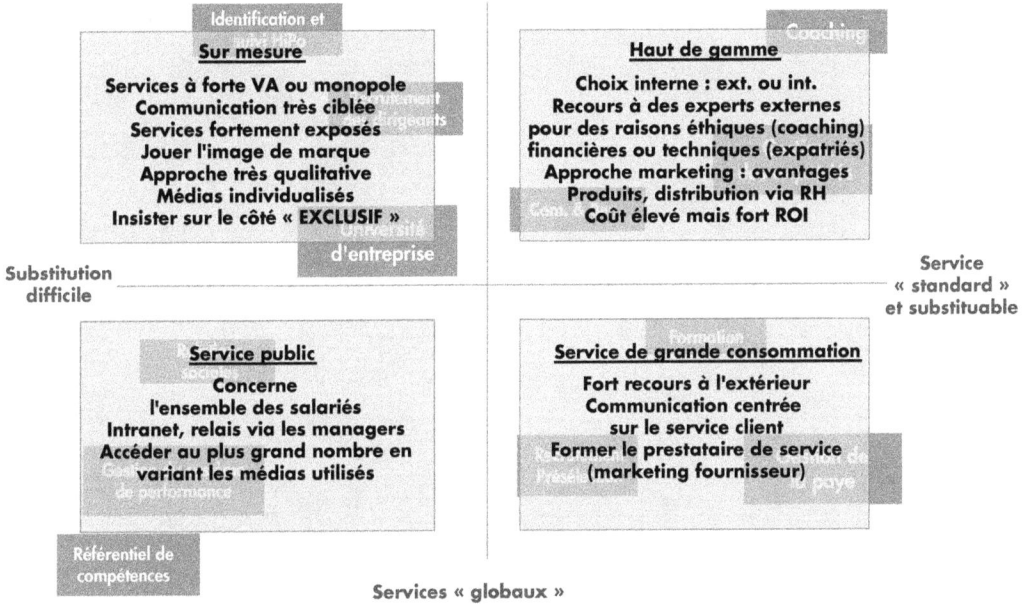

Sur mesure

Services à forte VA ou monopole
Communication très ciblée
Services fortement exposés
Jouer l'image de marque
Approche très qualitative
Médias individualisés
Insister sur le côté « EXCLUSIF »

Haut de gamme

Choix interne : ext. ou int.
Recours à des experts externes
pour des raisons éthiques (coaching)
financières ou techniques (expatriés)
Approche marketing : avantages
Produits, distribution via RH
Coût élevé mais fort ROI

Substitution
difficile

Service
« standard »
et substituable

Service public

Concerne
l'ensemble des salariés
Intranet, relais via les managers
Accéder au plus grand nombre en
variant les médias utilisés

Service de grande consommation

Fort recours à l'extérieur
Communication centrée
sur le service client
Former le prestataire de service
(marketing fournisseur)

Services « globaux »

Les stratégies marketing RH

Conclusion

Quel sera le DRH de demain ? Même si nous avons tenté d'apporter une réponse à cette question, l'horizon n'est pas si clair. Une certitude cependant, le directeur des Ressources Humaines ne sera plus un DRH mais une ressource. Il aura développé de nouvelles compétences relationnelles et appris à gérer les réseaux d'intérêts économiques et financiers qui sont en train de se créer. Il sera une partie intégrante de ce réseau et en favorisera le fonctionnement. Il veillera aux bonnes connections et en assurera la maintenance et l'évolution.

Du côté humain, il se centrera sur les nouvelles relations managériales et sociales, aidant chaque individu à construire son avenir — dans et hors de l'entreprise. Sa fonction « pontificale » (au sens strict du terme *pontife* : qui fait le pont (entre les dieux et les hommes)[1] sera stratégique et tactique.

---

1. « Les pontifes (dont le nombre ne dépasse pas cinq) sont chargés de l'entretien du pont sacré (pont Sublicius) et de surveiller la bonne observance des pratiques religieuses. »

Et du pontife au fou du roi il n'y a qu'un pas. Sa place dans le système de décision lui permettra d'apporter une vision différente et d'éclairer les discussions stratégiques sous un angle plus qualitatif et long terme. Il aura intégré la dimension business et confrontera les choix stratégiques à dominante financière aux réalités humaines du réseau. Plus qu'un acteur de changement il facilitera l'adaptation constante.

La DRH du futur sera constituée d'individus qui auront fait du passage par cette fonction un tremplin pour accéder à d'autres responsabilités ; on verra de moins en moins de personnes qui resteront « à vie » dans ce domaine. La DRH doit vivre les règles qu'elle applique à l'organisation : mobilité, transition, projets et performance seront les bases de la fonction qui devra servir d'exemple et de laboratoire d'idées. La formation et l'expérience auront aussi évolué. D'expert technique il sera devenu un expert relationnel chargé de gérer les paradoxes propres à chaque organisation.

Finalement, le titre lui-même sera revu. La première évolution a été le passage de « directeur du personnel » à « directeur des Ressources Humaines », avec pour objectif une modernisation de la fonction et une connotation moins administrative et coercitive.

Désormais il est indispensable de s'interroger sur la signification de « Ressources Humaines » et l'image que ce titre peut véhiculer dans l'entreprise – au vu des nouvelles responsabilités de cette fonction.

Et surtout, faire du DRH un pôle de confiance entre besoin de stabilité et réalité du changement. **Un pont, un _hub_, un levier. Le choix est ouvert…**

Index

Bibliographie

Pourquoi j'irais travaillé, Éric ALBERT, Jérôme DUVAL-HAMEL, Frank BOURNOIS, Éditions d'Organisation, 2006.

Le DRH Stratège, Yves REAL, Bruno DUFOUR, Éditions d'Organisation, 2005.

Diriger et motiver, Nicole AUBERT, Éditions d'Organisation, 2e éd., 2005.

Tous DRH, dirigé par Jean-Marie PERETTI, Éditions d'Organisation, 3e éd., 2006.

Tous reconnus, dirigé par Jean-Marie PERETTI, Éditions d'Organisation, 2005.

Daniel FEISTHAMMEL, Pierre MASSOT, *Fondamentaux du pilotage de la performance,* AFNOR, 2005.

Philippe KORDA, *Vendre et défendre ses marges,* 3e édition, Dunod, 2005.

www.ingramcontent.com/pod-product-compliance
Lightning Source LLC
Chambersburg PA
CBHW071631200326
41519CB00012BA/2255